Strade blu

Pietro Bartolo

LE STELLE DI LAMPEDUSA

La storia di Anila e di altri bambini che cercano il loro futuro fra noi

Con la collaborazione di Giacomo Bartolo

MONDADORI

librimondadori.it
anobii.com

Le stelle di Lampedusa
di Pietro Bartolo
Collezione Strade blu

ISBN 978-88-04-70527-7

I edizione settembre 2018

Indice

Le stelle di Lampedusa

Una volta sognai
di essere una tartaruga gigante
con scheletro d'avorio
che trascinava bimbi e piccini e alghe
e rifiuti e fiori
e tutti si aggrappavano a me,
sulla mia scorza dura.
Ero una tartaruga che barcollava
sotto il peso dell'amore
molto lenta a capire
e svelta a benedire.
Così, figli miei,
una volta vi hanno buttato nell'acqua
e voi vi siete aggrappati al mio guscio
e io vi ho portati in salvo
perché questa testuggine marina
è la terra
che vi salva
dalla morte dell'acqua.

ALDA MERINI, *Una volta sognai*
Lampedusa, 26 giugno 2008

I
La Porta chiusa

Lampedusa, gennaio 2018

Un bunker. Un tempo la prima cosa che avvistava chi, navigando, arrivava in Italia da sud, era un bunker. Un fortino usato nella seconda guerra mondiale. L'avevano costruito i militari nel 1930 a protezione del vecchio porto, anzi, dell'intera insenatura, tra punta Guitgia e punta Maccaferri. E siccome Lampedusa è proprio al centro del Mediterraneo, in una posizione strategica per qualunque tipo di traffico, lo dotarono di ben quattro mitragliere: avrebbe avuto parecchio lavoro da svolgere, quel fortino.

Per decine di anni, navi da guerra, pescherecci, traghetti, barche a vela, motoscafi carichi di turisti, chiunque passasse di fronte a Lampedusa utilizzava quella struttura militare come punto di riferimento per la navigazione. Alzava lo sguardo verso la lama di roccia che è l'isola vista dal mare, metteva a fuoco il vecchio bunker e con un gesto quasi automatico dirigeva la prua verso l'imboccatura del porto, il primo del continente. O l'ultimo. L'inizio dell'Italia, o la sua fine.

La fortificazione difensiva, con le sue mura blindate e i suoi armamenti, era un'immagine a suo modo coerente e chiara. Poi un giorno, dieci anni fa, qualcuno volle sostituirla con un'altra immagine. Alcune associazioni umanitarie si organizzarono, un'azienda di Palermo attiva nel settore turistico mise sul tavolo trentacinquemila euro e tutti insieme chiamarono il maestro Mimmo Paladino, uno dei più importanti artisti contemporanei, e gli commissionarono un'opera d'arte per Lampedusa. Gli sbarchi erano cominciati da tempo. Già allora, per capirsi, era impossibile avere un'idea chiara, una statistica precisa, di quanta gente morisse ogni giorno in mare nel tentativo di arrivare in Europa sulla rotta mediterranea.

Paladino ci pensò su un po', poi decise: la sua opera avrebbe per sempre ridisegnato la forma di quel minuscolo lembo di continente. Lì avrebbe innalzato un monumento a tutte le persone morte in mare durante il loro viaggio verso la salvezza. Una porta. La Porta d'Europa. Aperta verso l'Africa.

L'idea era grandiosa. Nulla meglio di una porta ha il potere di evocare con tanta chiarezza l'inizio e insieme la fine di ogni viaggio. Nulla meglio di una porta avrebbe potuto ricordare degnamente la fine eroica di tanti esseri umani, neri e bianchi, islamici e cattolici, vecchi e bambini.

Per rendere il messaggio ancora più esplicito, Paladino la progettò senza uscio. «Non sarà una porta funzionale» spiegò. E poi la decorò. Usando oggetti personali che si sarebbero potuti recuperare sulla spiaggia dopo uno qualunque dei mille naufragi di quegli anni. Una scarpa, un laccio, un piatto, un pezzo di cintura. Brandelli di esistenza.

Non doveva essere una statua, una lapide, un tempio. Quella porta voleva piuttosto essere cronaca, testimonianza viva di quanto stava succedendo, affinché non accadesse mai più o, più realisticamente, affinché accadesse meno spesso. Non celebrava l'ecatombe per la futura memoria di qualcuno, ma la raccontava agli uomini del presente, sperando così di poterli svegliare dal loro torpore ipocrita, dalla loro colpevole, volontaria ignoranza.

Per questo ho sempre amato quel monumento, perché l'ho sempre trovato in perfetta sintonia con Lampedusa, con me.

Ricordo ancora quando inaugurammo la Porta, era fine giugno, dieci anni fa. Ci fu un concerto, vennero le autorità. Tutti i telegiornali d'Italia. Persino una troupe di al Jazeera. Nell'aria c'era ancora l'adrenalina e lo sgomento per quanto era successo poche settimane prima: la strage del 7 giugno 2008. Centoquaranta morti. Migranti partiti a bordo di un peschereccio mezzo fradicio dal porto di al Zuwarah, al confine tra Tunisia e Libia.

Mentre le star della musica italiana – da Dalla a Baglioni – si alternavano sul palco, realizzai che quella porta, che adesso sostituiva il bunker nell'iconografia della mia isola, era spalancata proprio in direzione di al Zuwarah. E mi venne da piangere.

Ci torno spesso, a vedere la Porta. A piedi oppure in macchina. Mi arrampico per il sentiero polveroso che, tagliando in due la contrada Cavallo Bianco, sale dal vecchio porto e si lancia verso il mare azzurro. E per qualche istante mi lascio alle spalle tutti i pensieri del quotidiano. Metro dopo metro mi succede di sprofondare in uno stato di contemplazione particolare; da qualche recesso della mente riaffiorano improvvisamente, e senza nessi logici apparenti, fotogrammi del passato, storie mie e della mia famiglia che si mischiano a scene appena viste o vissute producendo un flusso unico che mi lascia addosso un turbamento sinistro.

Da qualche giorno non riesco a togliermi dagli occhi l'enorme distesa scintillante di pesci stesi a essiccare che un tempo occupava l'intero spazio dell'odierno aeroporto. I «*piscisicchi*», li chiamavamo. Ogni volta che cammino lungo la recinzione che delimita la pista di decollo mi sembra di sentirne ancora l'odore acre e sapido, e di ascoltare le voci degli altri bambini con cui giocavo in mezzo a tutti quei pesci argentati, a tirare sassi alle allodole con la fionda. Mi sembra di rivedermi ancora, correre lì, tra il lentisco e il finocchio, insieme ai miei amici, sperando di non essere scoperto dai guardiani che proteggevano quel bendidio dai gabbiani.

Ma non ho nemmeno il tempo di sorridere perché subito dopo, davanti agli occhi, come detriti dopo un naufragio, tornano a galla vivide le immagini di tutti gli uomini, le donne e i bambini che abbiamo ripescato dall'acqua negli anni, un carosello felliniano di volti senza vita: sono i cadaveri che abbiamo dovuto raccogliere e sezionare per provare a dare loro un'identità precisa, un nome e un cognome, o quantomeno un numero di cartella clinica, con relative cause e ora approssimativa del decesso. Il dovere minimo dell'Occidente verso questa gente della cui morte siamo comunque, almeno in parte, colpevoli.

I bambini. I bambini, soprattutto. Sono loro che affollano i miei incubi, quando dormo. Ma anche quando sono sveglio. Vivo assediato dalle loro immagini. Anzi, dai loro ricordi. Perché la cosa peggiore, questo faccio fatica a spiegarlo, non sono le immagini, ma i ricordi. Più delle immagini, restano impresse nella coscienza le altre sensazioni, gli odori, i rumori. Le consistenze. L'odore dei cadaveri non va via dal cervello neppure dopo anni.

In questi giorni non riesco a non pensare a un episodio grottesco di qualche tempo fa. C'era stato uno sbarco, non so nemmeno più quale dei tanti del 2016. C'erano alcuni cadaveri nei sacchi. E dalla procura di Palermo era arrivato l'ordine di prelevare i campioni di epifisi femorale per l'esame del Dna. Dovevo prendere un pezzo della testa del femore a ognuno di loro, insomma.

Non si può immaginare quanto sia duro, un femore. Ogni volta che mi trovo a compiere questa operazione mi chiedo come sia possibile che così tante persone riescano a fratturarselo con una semplice caduta. Erano già alcuni minuti che provavo a incidere l'osso, ma niente: lo strumento che utilizzavo sembrava non funzionare. L'odore era fortissimo. Stavo cominciando a sentirmi male. Sudavo. Dovevo trovare una soluzione per portare a termine l'operazione il prima possibile, o non ce l'avrei fatta.

Proprio in quel momento mi sono accorto che non molto distante dalla sala in cui mi trovavo c'era un muratore che stava adoperando il flex per rifare la pavimentazione di un corridoio. Demoliva la precedente prima di applicare quella nuova. Così sono andato da lui e gli ho chiesto se me lo poteva prestare. Per fortuna non mi ha fatto domande e me lo ha dato.

Il lavoro è stato comunque durissimo. Alla fine ero tutto sporco, stremato, ma soprattutto avevo immagazzinato una quantità tale di sensazioni atroci che ancora oggi non riesco a liberarmene. Quando sono andato per restituire il flex, il muratore mi ha guardato e con uno sguardo impietosito mi ha detto che potevo anche tenerlo, che quell'attrezzo era vecchio ormai e che l'avrebbe ricomprato nuovo. Non era vero. E lo sapevamo entrambi. Poi andai a controllare al negozio, era un Bosch da 480 euro e adesso è al poliambulatorio, in attrezzeria.

Così la passeggiata attraverso Cavallo Bianco fino alla Porta d'Europa è uno slalom continuo tra ricordi d'infanzia e incubi come questo. A volte mi ritrovo con il fiatone e la fronte imperlata di sudore, e penso di non farcela. So benissimo che non è la fatica. Devo fermarmi per respirare, magari alzare lo sguardo verso il cielo cobalto di Lampedusa. Poi arrivo lì, alla fine del sentiero, nel punto in cui termina la strada bianca e comincia il turchese del mare e allora mi sommerge una tenerezza infinita per questa mia isola, per tutta quella gente, per me stesso.

Da qualche tempo ci torno un po' più spesso, qui alla Porta d'Europa. Da quando sono entrati in vigore gli accordi tra Italia e Libia per limitare le partenze dei barconi e bloccare il flusso dei migranti, abbiamo molte meno emergenze e così ho un po' più di tempo libero per fare la mia passeggiata. Quegli accordi sono una vergogna. Spostano il problema un centinaio di miglia più a sud. Senza risolverlo. Lasciano tutta quella gente nelle mani dei criminali che – per primi e da sempre – l'hanno sfruttata, ne hanno fatto un business.

Quegli accordi sono solamente un modo per l'Italia, per l'Europa, di non assumersi alcuna responsabilità circa un fenomeno che va oltre la volontà e la capacità politica dei governanti, qualcosa che ha a che vedere con il mondo e con gli uomini, con la loro evoluzione e la loro storia. Sono un atto di viltà e spregiudicatezza senza eguali.

Ma affacciandosi verso il Mediterraneo da quest'ultimo lembo di continente, respirando a fondo la salsedine lontano dai veleni e dagli interessi minuscoli della politica, è chiaro, chiarissimo che è solo una questione di tempo. Cambieranno i governi, i consigli d'amministrazione delle fabbriche di bombe, i board delle banche internazionali; cambieranno le rotte dei disperati, i cartelli dei trafficanti, le mani degli assassini. Ma il sangue degli uomini resterà sempre lo stesso, così come resterà sempre la stessa la voglia di libertà e di migliorare la propria condizione e quella dei propri figli. E allora, presto, la Storia, quella con la S maiuscola, tornerà a bussare alle nostre case. E lo farà con la sua solita forza.

Fino ad allora, avrò più tempo per le mie passeggiate. Potrò venire più spesso quassù, vicino al faro del porto e al vecchio bunker, a vedere come se la passa la mia vecchia Porta d'Europa adesso che non c'è più quasi nessuno, tranne qualche tunisino che arriva con il gommone, da accogliere.

È buffo. L'hanno celebrata in tutti i modi. Ci hanno fatto libri fotografici, mostre, cortometraggi. Sono venuti a vederla capi di Stato, delegazioni straniere, artisti internazionali, giornalisti. E nessuno si è accorto che il tempo e il mare stanno facendo il loro lavoro e la stanno distruggendo.

Sferzata dal Mediterraneo che in inverno si abbatte sull'isola con una potenza spaventosa, lo stesso feroce Mediterraneo che negli anni ha affondato proprio qui davanti centinaia di barconi, l'anima in ferro zincato della porta è stata divorata dalla salsedine. Macchie di ruggine hanno cominciato ad arrampicarsi sulla ceramica della parte esterna e il vento, di tanto in tanto, stacca qualche pezzo di decorazione. Ormai sempre più spesso, quando vengo qui, mi capita di raccoglierne un frammento, una scarpa, un piatto.

Stamattina a terra c'è solo un po' di ceramica polverizzata, sembra farina. Quando era nuovo, questo materiale catturava la luce e la rifletteva in un modo molto particolare, sia di notte sia di giorno, pare fosse l'effetto del tipo di cottura – a mille gradi – scelto da Paladino. Ma adesso quel pallore commovente è andato perso, corroso. Ora la porta sembra fatta con una pietra qualsiasi. E se continua così, tra poco verrà giù tutto.

Povera Porta d'Europa, sempre più inutile, sempre più grottesca. Giorno dopo giorno, sgretolata dai venti del Mediterraneo che questa mattina arrivano da sud, dalla Libia, e fischiano, e gridano, portando fino a qui le voci delle migliaia di poveri cristi che aspettano di capire cosa sarà di loro, chiusi in qualche lager dall'altra parte del mare, torturati e umiliati. La guardo e all'improvviso ho l'impressione che siano quelle voci, con la loro potenza disperata e inascoltata, a farla a pezzi.

Dietro il bunker, in mezzo al mare in tumulto, splende un sole già primaverile.

Squilla il telefonino.

«Dottore, corra qui, un ragazzo si è impiccato a una trave con uno spago.»

II

Alì e la trave

Penzolava da una struttura poco fuori dal centro. I suoi amici lo hanno trovato che era morto già da qualche minuto. Nessuno si era accorto di niente, era uscito dal centro come fanno tutti ogni giorno. Aveva camminato per qualche centinaio di metri poi aveva abbandonato la strada asfaltata e si era arrampicato su per il terrapieno senza dare particolari segnali delle sue intenzioni, composto. Una ventina di passi oltre il ciglio, non di più. Ha usato qualche sasso come una scaletta per raggiungere la scabra trave di mattoni di quello che un tempo era stato il verdeggiante accesso al patio di un dammuso e che invece, oggi, è appena un rudere color terra. Uno scheletro di edificio che annuncia a chiunque arrivi dal paese la vera Porta d'Europa: il centro di prima accoglienza.

Mi sembra di vederlo, quel ragazzo. I gesti automatici e disperati, mentre esegue quell'ultima condanna emessa nei suoi confronti dall'umanità. Mi sembra di vederlo far passare lo spago intorno alla trave, annodare il cappio, infilarci dentro la testa. Poi lasciarsi scivolare, per l'ultima volta.

Alì si chiamava. Non aveva ancora compiuto trent'anni. Era arrivato da un paio di mesi a Lampedusa, su una delle tante piccole imbarcazioni che ogni giorno affluiscono alla spicciolata dalla Tunisia. Sperava di raggiungere Palermo e da lì arrivare in qualche altro Paese europeo, dove non lo sapeva bene nemmeno lui. Come tutti gli altri. E invece si è fermato sotto quella trave.

Provo subito a fargli le manovre d'emergenza, sotto lo sguardo atterrito dei suoi compagni. Più una procedura standard che un tentativo vero e proprio. So benissimo che non c'è niente da fare.

Ne osservo per qualche secondo il viso ormai privo di espressione. Mi sembra di riconoscerlo. Devo averlo visitato nei giorni scorsi, ma non ne sono certo. La morte trasfigura i volti, sempre. Più che la morte, credo che sia l'assenza di vita. Insomma, da cadaveri non assomigliamo a noi stessi, questo è innegabile.

Non mi resta che tornare al poliambulatorio e compilare tutti i documenti del caso. La procura di Agrigento aprirà certamente un fascicolo, bisognerà scrivere una relazione accurata, forse andrà fatta un'ispezione cadaverica. Un'altra. Avrò molto lavoro nelle prossime ore.

Da qualche mese a questa parte sembra che la Storia si sia divertita a ricominciare tutto da capo. Come se l'isola fosse un'enorme ruota che, finito il suo giro, è tornata al punto di partenza. Io c'ero quando, circa trent'anni fa, arrivarono i primi «extracomunitari». I lampedusani, che non erano abituati a vedere gente straniera se non qualche turista l'estate – e il turismo sull'isola non era ancora il fenomeno di massa che è oggi –, nella loro ingenuità di pescatori li chiamavano «i turchi». Ma erano per lo più nordafricani, marocchini, tunisini, algerini che partivano dalle coste della Tunisia su imbarcazioni di legno e attraccavano direttamente sulla spiaggia della Guitgia.

Erano numeri ridicoli, paragonati a quelli che abbiamo visto negli anni successivi, manciate di uomini che venivano in Italia non per fuggire da qualche guerra o persecuzione ma per trovare condizioni di vita migliori, più vicine ai canoni borghesi «occidentali», propalati da qualche televisione o da qualche giornale, che avevano scalfito il loro immaginario.

Erano gli anni in cui si diffuse la parola «vucumprà», un sacco vuoto dentro il quale far ricadere migliaia di persone diverse l'una dall'altra che cercavano di migliorare le proprie condizioni di vita e quelle dei loro cari, lasciati chissà con quanto dolore e a quale costo in qualche sperduto villaggio.

Al tempo quella parola la trovavo insopportabile. Non tanto per la quota di razzismo che inevitabilmente conteneva, quanto per la superficialità, per l'approssimazione sciocca degli ignoranti. A ripensarci oggi, dopo tutto ciò che ho visto in questi trent'anni, dopo tutta l'ipocrisia e l'indifferenza, quell'espressione così naïf ha finito quasi per farmi tenerezza.

Ecco, in questi giorni sembra di essere tornati ad allora. I barconi fradici stracolmi di centinaia di disperati non arrivano più da qualche mese. Il molo Favarolo viene usato quasi solo dalle lance della guardia costiera per le emergenze. Ogni tanto mi arriva una telefonata dal centro di coordinamento per avvertirmi che una nave delle Ong ha recuperato in acque libiche qualcuno bisognoso di cure immediate, e ci metterebbero troppo ad arrivare fino a Pozzallo o in un altro porto: «Dottore, stanno arrivando due persone di origine eritrea...» e io corro al molo, faccio la prima visita, la diagnosi, dispongo l'eventuale ricovero. Fine.

Il resto è una routine identica a quella di trent'anni fa. Da quando il grande flusso migratorio dell'area subsahariana è stato bloccato in Libia, qui a Lampedusa hanno ricominciato ad arrivare solamente i barchini dalla Tunisia. Otto, dieci persone alla volta, a bordo di imbarcazioni tutto sommato sicure, dopo aver attraversato un piccolo tratto di Mediterraneo nelle notti di bonaccia. Lampedusa è più vicina alla Tunisia che all'Italia.

Arrivano direttamente alla cala, sulla spiaggia. Proprio come i loro padri. Sono vestiti in maniera decente, hanno sigarette e telefoni e numeri di telefono da contattare «una volta di là». Lasciano i gommoni sulla sabbia e rimangono a ciondolare randagi sull'isola. Il loro obiettivo non è restare qui. Lampedusa è una specie di carcere di sicurezza a cielo aperto. Una prigione che al posto delle sbarre ha il mare. Loro vogliono raggiungere Palermo o Agrigento, il prima possibile. E poi sparire in Europa. Per andarsene, quasi tutti scelgono la «via medica», ingeriscono chiodi, lamette e altri oggetti pericolosi in modo da dover essere trasferiti d'urgenza, in elicottero, presso una struttura della terraferma, e lì operati. Una volta dimessi, poi scappano.

Il problema è che molti di loro hanno dei precedenti penali in Tunisia e, comunque, i più non hanno motivo di chiedere e ricevere asilo. Quindi, in realtà, sono destinati al rimpatrio, che poi è spesso un rimpatrio teorico: una volta che li identificano – se li identificano – li caricano su una nave per la Sicilia con una busta di plastica bianca piena di alimenti e un foglio di via sul quale c'è scritto che devono lasciare l'Italia entro quindici giorni.

Tra quelli che dal centro di accoglienza vengono portati in Sicilia e quelli che arrivano nelle notti di mare calmo direttamente a Cala Guitgia, sull'isola c'è un discreto turn over di giovani tunisini. A differenza di quanto è sempre successo con i migranti provenienti dalle zone di guerra – i siriani, i nigeriani, gli eritrei – i tunisini hanno finito per costituire una piccola comunità separata, con logiche e dinamiche interne molto particolari, spesso anche gerarchizzate. Si dividono in bande e non è infrequente che nascano problemi tra le varie fazioni.

I lampedusani convivono con loro, così come negli anni hanno imparato a convivere con tutto ciò che gli succedeva intorno. Si sono adattati. Li vedono passeggiare vestiti all'occidentale, intenti nei loro traffici a ogni ora del giorno e della notte, nelle vie del centro o giù al porto, e ne sopportano senza troppa difficoltà le intemperanze. Anche se a volte non è semplice. Sono aumentati i furti nelle abitazioni e nei negozi – il fruttivendolo davanti alla stazione dei carabinieri ha dovuto nascondere il vino sennò continuavano a farglielo sparire – e sono sempre più frequenti i casi in cui i proprietari degli appartamenti, soprattutto quelli che vengono utilizzati d'estate, riferiscono di aver trovato le stanze abitate, magari anche senza particolari danni. So che qualcuno, per evitare problemi, ha addirittura lasciato coperte e beni di prima necessità proprio all'ingresso di casa.

La permanenza sull'isola, del resto, non è semplice nemmeno per i migranti. Arrivati qui convinti di restare qualche ora, qualche giorno al massimo, spesso si ritrovano intrappolati per mesi. La notte dormono nel centro di prima accoglienza, di giorno sono liberi di muoversi, ma non hanno nulla da fare. Comincia allora un'attesa interminabile, settimane di noia e incertezza. La mancanza di sbocchi comincia a farsi devastante, soprattutto tra quelli che capiscono che, alla fine dell'attesa, non ci sarà un generico foglio di via, di fatto un'autorizzazione dello Stato a proseguire il viaggio verso il resto d'Europa, ma un rimpatrio forzato. Sono loro che, alla fine, vanno fuori di testa. I più civili protestano con il personale del centro. Qualcuno esagera e passa alle vie di fatto, inscenando proteste eclatanti o cercando di innescare vere e proprie rivolte che poi diventano un problema di ordine pubblico per i carabinieri e la polizia, che spesso non riescono a contenerne l'esuberanza e li lasciano fare.

Alì era uno di questi. Appena arrivato alla mia scrivania trovo la sua cartella clinica. Ecco perché, poco fa, l'ho riconosciuto. L'avevo visitato il giorno del suo arrivo, il 30 ottobre 2017. Fisicamente stava bene, ma psicologicamente mi sembrava un po' destabilizzato. Così lo avevo fatto seguire dalla psichiatra dell'Asl, che gli aveva diagnosticato uno stato psicotico e gli aveva anche prescritto degli psicofarmaci. Ma chissà se li ha mai presi… Nel centro non è semplice assicurarsi che un paziente segua per bene la sua terapia.

Poi, l'isola ha fatto il resto. Sono passati i giorni e le settimane senza che Alì riuscisse a capire quale sarebbe stato il suo destino. I suoi amici, quelli che lo hanno ritrovato appeso alla trave, adesso dicono che negli ultimi tempi si era molto isolato, la notte dormiva fuori dal centro di accoglienza e il giorno se ne stava per lo più da solo, ma è molto complicato per gli operatori osservare un comportamento del genere e segnalarlo come problematico.

Le cose sono andate avanti da sole, fino alla fine. Uno spago, una trave, quattro sassi come scala.

Un altro sacco di plastica, un'altra relazione da mandare a qualche procura.

III

Le tenebre

Chiudo la porta del mio ufficio. Lascio la cartella di Alì sulla scrivania. E provo a prepararmi al momento migliore della giornata, quello in cui torno a casa da Rita, mia moglie.

I miei amici, nei rari momenti di intimità, mi rivolgono da sempre la stessa domanda: «Pietro, ma tu ti fai aiutare da qualcuno?». Non si riferiscono a qualcuno che possa aiutarmi a mandare avanti il poliambulatorio. Avrei bisogno anche di quello, certo. Ma, alla fine, il lavoro è la cosa paradossalmente più semplice, so come si fa, l'ho sempre fatto, lo farò per sempre. Si riferiscono a un aiuto psicologico, un'assistenza alla persona.

La risposta giusta sarebbe: sì, ho bisogno di aiuto, eccome. Sono entrato in una stiva buia come la notte e calda come l'inferno, calandomi da un boccaporto senza riuscire a vedere cosa ci fosse sotto e ho poggiato i piedi su un pavimento di cadaveri ammucchiati; ho visto le paratie ancora sporche di sangue, incise dalle unghie di uomini nudi come i dannati dei dipinti, che cercavano di scappare dalla loro trappola mortale; ho tagliato dita ai corpi dei bambini annegati per il riconoscimento genetico; ho reciso cordoni ombelicali separando madri morte da figli ancora vivi, orfani disperati appena nati e già maledetti; o figli morti da madri senza più una vita.

L'orrore, anzi l'Orrore, quello che solo Conrad ha descritto, io l'ho visto, l'ho toccato, ci ho camminato sopra, l'ho dissezionato, ho sentito il suo respiro e ascoltato la sua voce. Me lo sono portato a casa, ogni sera. È stato mio compagno negli ultimi trent'anni, e lo odio con tutto me stesso, ma talora – ogni volta che ho visto uno spiraglio di luce in mezzo a tutte quelle tenebre, quando ho aiutato una giovane donna a partorire o quando ho salvato un paziente in ipotermia – l'ho anche amato.

Sì, penso proprio di avere bisogno di un aiuto. Ma chi può darmene davvero? Chi può aiutarmi a fare i conti con le immagini che si affollano nella mia memoria, si annodano ai fatti nuovi, mi inseguono ovunque?

Lampedusa negli ultimi trent'anni è stata la sentina del mondo, il metro quadrato nel punto più basso della stiva in cui si sono raccolti tutti i materiali di risulta della grande nave. E io sono stato la sentina di Lampedusa.

Lo vedo ovunque, ormai, l'Orrore. E ogni volta che mi desto dal mio torbido pensare, c'è sempre una mano sulla mia nuca. Quella di Rita. Forse un giorno troverò il coraggio di farmi aiutare in un altro modo. Per ora, l'unico sistema che conosco per rendere sopportabile tutto questo è tornare a casa, consegnarmi a lei, sentire la sua voce, fingermi affamato davanti al suo cous cous, rispondere alle sue domande garbate.

La strada che dal poliambulatorio conduce fino a casa mia è molto breve, in macchina sono cinque minuti. Ma sono i cinque minuti più terribili, un tempo infinito sospeso tra la voglia di vedere Rita e il disgusto e la nausea e la stanchezza per tutto ciò che ha riempito la mia giornata.

La storia di Alì mi ha turbato molto. Sono di pessimo umore. Guardo questa Lampedusa notturna scorrere dai finestrini della mia Fiat Doblò e mi rendo conto che sono scosso da un sottile senso di colpa. Non per il fatto in sé, non avrei mai potuto impedirlo, ma perché inconsciamente continuo ad andare con il pensiero altrove, a divagare. Come se la morte di Alì non fosse la cosa più grave del mondo, come se questi ragazzi che arrivano alla cala non fossero un'altra forma del fallimento di tutti noi.

Continuo a divagare. E a pensare automaticamente a quanto succede in Libia, dall'altra parte del mare.

Non piove quasi mai a Lampedusa. E quando piove, piove sabbia. È la sabbia del deserto, portata dai venti del Sud e dalle loro nuvole gonfie e rossastre. L'acqua che cade dal cielo si mischia alla salsedine e sporca le macchine di una strana polverina marrone chiaro che ne macchia i vetri per settimane. Così quando con i fari dell'auto illumino le prime case del paese, oppure la baia del porto, o il mare che si apre sterminato dietro punta Guitgia, mi sembra che la sabbia incrostata sul parabrezza veli il mio sguardo e, attraverso il mio sguardo, tutto il mondo. E lo so che è romantico, forse ingenuo, ma non riesco a non pensare che sia la stessa sabbia calpestata da quelle donne e quegli uomini nel loro vagare disperato.

Magari, proprio adesso, dalle sbarre di un lager sulla costa libica, a guardare quella stessa sabbia che arriverà qui c'è una persona malata che avrebbe bisogno di un antibiotico, di un piccolo intervento, di un abbraccio. Di un medico, insomma. Di me. E invece io sono qui a contemplare la mia impotenza, la mia inutilità e quella persona è lì, trattata come un criminale per effetto di qualche demenziale trattato internazionale o, peggio, di qualche «accordicchio» tra Paesi irresponsabili.

Loro, quelli che gli accordi li hanno firmati, forse non lo sanno davvero cosa sta succedendo. Forse non si rendono conto di ciò che stanno autorizzando. Ma io sì, io lo so perfettamente. Perché io ho visto, io ho ascoltato i racconti di chi è stato nei centri di detenzione gestiti dal Dipartimento per il contrasto della migrazione irregolare del governo libico. Ed è la ragione per cui, in sere come questa, non riesco a darmi pace.

Bisogna aver visto le loro facce, i loro occhi, mentre raccontavano.

Li chiamano «centri di detenzione», e la parola tecnicamente è appropriata, perché di questo si tratta. Anche se nella realtà, più che alle carceri, sono simili ai campi di concentramento costruiti in Europa nel secolo scorso. Per il diritto libico, ogni forma di ingresso e di soggiorno sul territorio nazionale da parte di irregolari è un reato penale, punibile con la detenzione o la deportazione. Gli sconvolgimenti politici dell'ultimo decennio, la Primavera araba, la caduta di Gheddafi, le bombe occidentali, i terroristi dell'Isis, le guerre fra tribù hanno reso di fatto ingovernabile il Paese che, dunque, ha un unico modo di gestire il fenomeno della migrazione: il caos totale.

Politici, militari, criminali comuni e capi tribù hanno messo in piedi uno dei più grandi e scandalosi traffici mai visti sul pianeta, quello dei migranti. Un mercato miliardario che si basa su un unico meccanismo: il terrore. I migranti che arrivano in Libia vengono convogliati e ammassati nei centri. Si calcola ce ne siano una trentina, ma solo meno della metà sono gestiti direttamente dal ministero libico, attraverso il Dipartimento, gli altri sono in mano ai trafficanti.

Tutta questa gente, compresi donne, bambini e anziani, rimane imprigionata per mesi o anni, in attesa di partire. O almeno così viene detto loro all'inizio. Ed è una bugia. Perché il vero motivo è, in realtà, un altro. Tutti i campi, compresi quelli gestiti dal ministero, hanno un unico scopo: estorcere quanto più denaro possibile al migrante. Se vuole raggiungere l'Europa, deve pagare. In realtà, raggiungere l'Europa è solamente un'eventualità. Statisticamente, un migrante, quando finisce in uno di quei lager, ha più possibilità di morire di fame, di sete, o sotto le torture di qualche aguzzino pazzo che non di arrivare in Europa. Anche perché, nel caso che venga rilasciato e imbarcato su un vecchio gommone, le possibilità di arrivare dall'altra parte del mare sono davvero poche.

Sono solo dei poveracci da spremere, e non importa che siano nelle mani di gente del governo o dei trafficanti. Ad attenderli c'è, comunque, il peggio.

Il campionario delle atrocità commesse nei secoli dal genere umano è vasto e fantasioso. Talmente vasto e talmente fantasioso che, se non ci fossero state testimonianze dirette e inequivocabili, a volte si sarebbe stentato a ritenere possibile ciò che in determinate circostanze è accaduto. Perché la verità è che spesso le parole non sono sufficienti a descrivere, a raccontare, a testimoniare. Occorre qualcosa di più. Occorrono le immagini. L'Orrore, quello che ho in testa io, occorre vederlo per capirlo. Per questo conservo e porto sempre con me una pennetta usb piena di fotografie.

La mostrai a Gianfranco Rosi la prima volta che lo incontrai, nel mio ambulatorio di Lampedusa. Fu così che nacque *Fuocoammare*. Lui vide quelle foto, comprese – anche visivamente – ciò che fino ad allora aveva solo letto sui giornali e decise di farne un film.

Da allora, il contenuto della pennetta lo mostro a chiunque mi faccia domande, a chiunque mi dica di voler capire davvero. So che è una piccola violenza anche la mia. Per quanto curiosa o bisognosa di sapere, la gente rimane sempre spiazzata da quelle foto. È l'effetto dell'Orrore, ed è sempre lo stesso: lo leggo chiaramente negli occhi delle persone mentre scorrono le fotografie.

Ecco, tra quelle immagini ce ne sono alcune che raccontano meglio di qualunque altro documento quanto succede laggiù, in Libia. Si vede un ragazzo nero nudo sul lettino del pronto soccorso, che guarda con aria triste verso l'obiettivo. L'avevano appena sbarcato. Urlava dal dolore. Erano urla disumane. Non mi ci volle molto a capire il perché. Metà del corpo era bianca e non era a causa di un'infezione o di un'ustione, come mi è capitato migliaia di volte di vedere. Ma perché, prima di imbarcarlo, l'hanno scuoiato con un coltello affilato. Anche il solo lieve tocco del cotone su quell'inferno di carne scoperta doveva bruciargli come il fuoco. Era un giochino dei suoi carcerieri: far diventare bianco un nero. Col coltello. Fu lui a raccontarmelo. Così come tanti altri, nel corso degli anni, mi hanno raccontato cosa succede lì dentro. Racconti che poi ho ritrovato, parola per parola, in mille denunce pubbliche.

C'è una Rete, in Libia. E di quella Rete, nella totale deregolamentazione del Paese, fanno ormai parte tutti. I funzionari del ministero, che dovrebbero sorvegliare e proteggere gli immigrati detenuti, sono spesso direttamente coinvolti nelle torture e nei maltrattamenti, secondo un meccanismo semplice: più le vittime sono terrorizzate, più è facile ottenere da loro denaro. E se non da loro, dalle loro famiglie o dai datori di lavoro.

Una delle pratiche più frequenti è di torturare qualcuno in diretta telefonica con i suoi genitori. La cosa funziona più o meno in questo modo: prendono un migrante, gli danno un telefonino e gli concedono di chiamare casa. Appena la madre o il padre rispondono, loro gli tolgono il cellulare dalle mani e spiegano rapidamente la situazione a chi è in ascolto. Poi procedono: legano il poveretto e cominciano a torturarlo. Più forte strilla, prima pagano. Oltre ai genitori della vittima, le urla vengono sentite da tutti gli altri detenuti, i quali ogni notte vanno a letto sapendo che tanto prima o poi tocca anche a loro.

Della Rete fanno parte anche gli ufficiali della guardia costiera libica che conducono le «operazioni di intercettazione» in mare. Cominciano a derubare i migranti già dal primo istante in cui li recuperano dalle imbarcazioni in difficoltà. I migranti raccontano sempre la stessa cosa, e cioè che questi funzionari sono d'accordo con i trafficanti. Quando la guardia costiera intercetta una barca carica di persone, che sia in difficoltà o meno, ha comunque due sole possibilità. La prima è quella di caricare i passeggeri sulle proprie imbarcazioni e riportarli a terra, nei centri di detenzione;

la seconda è quella di lasciarli andare, «scortandoli» fino al confine delle acque territoriali. Tutto dipende da quanto hanno pagato. La tariffa. Le barche che hanno sborsato la cifra più alta vengono dotate di un simbolo da esibire alla bisogna, e dunque vengono scortate. Altre, invece, possono proseguire il loro viaggio solo se sono in grado di dimostrare di essere protette dal trafficante giusto.

I trafficanti che gestiscono la Rete sono potenti come capi di Stato, temuti e rispettati. A Sabrata, una città del Nordovest, c'è persino un posto che chiamano la Casa Bianca. È il posto dove vive un tale che i migranti conoscono come Mohamed Sabrata, il suo quartier generale. Più che un palazzo governativo è un grande punto di raccolta, dove gli immigrati vengono convogliati prima di intraprendere il viaggio verso l'Europa. Non c'è persona che non sappia cosa succede lì dentro, ma nessuno muove un dito per intervenire. Perché sono tutti in affari insieme. Uomini del ministero, ufficiali della guardia costiera, trafficanti. Ecco la spina dorsale della Rete, ai margini della quale si muove un indotto enorme, fatto di faccendieri, mestatori, picchiatori, ladri. Fuori dai lager e dai punti di raccolta si aggirano bande di criminali violentissimi, xenofobi e razzisti, che non aspettano altro che di poter partecipare anche loro al saccheggio dei migranti.

La cosa drammatica è che spesso queste bande sono composte da migranti che sono passati dall'altra parte, alle dipendenze dei trafficanti, connazionali della gente in fuga che vengono utilizzati perché parlano la stessa lingua delle vittime e sono disposti a tutto. Manodopera criminale. Cani che mangiano cani. Disperati contro disperati.

Ci sono sere, sere come questa, in cui non riesco a pensare ad altro. Mi assale un'ansia densa che mi toglie il fiato e non mi lascia scampo. Ho come l'impressione di sentire ovunque le grida di quella povera gente risalire dal porto, dal molo Favarolo verso l'altura dell'isola. È solo suggestione, lo so, ma è qualcosa di talmente violento che arrivo a casa stravolto.

E Rita lo sa, Rita sa sempre tutto quello che mi succede, le basta guardarmi.

Non so più quanti anni sono che condividiamo tutto, abbiamo passato insieme momenti di straordinaria felicità, come quando torno a casa dopo aver fatto partorire una donna, o ho curato un bambino; e momenti drammatici, come i giorni del naufragio all'Isola dei conigli, nell'ottobre 2013. Qualsiasi cosa mi sia successa, lei è sempre stata con me, presente. Ha partecipato alla mia gioia, ha lenito il mio dolore. Ha sempre saputo trovare le parole giuste. Esattamente come fa anche stasera, quando, dopo avermi lasciato raccontare del suicidio di Alì, cambia improvvisamente discorso e mi chiede di Anila: «L'hai sentita oggi?».

IV

La notte di Anila

Ricordare Anila, parlare di lei, raccontare la sua incredibile storia, è una delle poche cose che mi fa stare meglio in questo periodo.

Era una notte di fine dicembre. Da mesi Lampedusa era il fronte estremo di una guerra persa. Al poliambulatorio, sul molo, a bordo delle motovedette in mezzo al mare, nelle corsie del centro di accoglienza, ovunque, combattevamo tutti, dalla mattina alla sera, ciascuno con i mezzi del proprio mestiere. Non c'era altro da fare, e nessuno voleva fare altro. Anche se eravamo stremati.

I migranti arrivavano a ogni ora del giorno e della notte, qualunque fossero le condizioni meteo. Le imbarcazioni che li portavano venivano tutte dalla stessa parte del mare, dallo stesso punto dell'orizzonte: dalla Libia. Ma loro provenivano da ogni parte del mondo: Siria, Gambia, Nigeria, Sudan. E ad accoglierli, trovavano sempre noi. Sempre più stanchi, sempre più pallidi, sempre più spaventati da quell'inarrestabile emorragia del mondo.

Non ricordo esattamente che ore fossero quando squillò il mio telefonino. Era notte fonda. L'alba era poco più di un'ipotesi, almeno a giudicare dal cielo nero e profondo. Faceva freddo. La voce dell'uomo della capitaneria di porto era concitata. Bisognava correre di nuovo al molo Favarolo, perché stava arrivando un'altra motovedetta con a bordo sessanta persone intercettate su un peschereccio di Mazzara del Vallo.

Non ci volevo credere. Non avevamo nemmeno cominciato i trasferimenti al centro d'accoglienza degli 87 profughi arrivati poco prima a bordo di una nave della marina militare, che già bisognava ricominciare.

Da quanto era stato possibile ricostruire fino a quel momento, il disastro era avvenuto a trenta miglia di distanza dalle coste libiche, più o meno fra Tripoli e Misurata. Diverse imbarcazioni militari italiane, un paio di navi delle Ong e alcuni pescherecci erano intervenuti sul posto per cercare di trarre in salvo quanta più gente possibile da un barcone in avaria che era salpato con un carico di 550 passeggeri. Le operazioni erano state drammatiche; tre persone erano state trovate morte, mentre altre tre – fra cui una donna incinta – erano in una condizione di ipotermia grave, tanto che le avevamo immediatamente mandate a Palermo con l'elisoccorso. Avevano bisogno di cure che non potevamo dargli nel nostro poliambulatorio, e sarebbero certamente morte se non ci fossimo sbrigati.

Le sessanta che stavano arrivando, invece, erano state salvate da un motopeschereccio, *Poseidone*. I pescatori erano in mare da cinque giorni, era la prima uscita stagionale dopo la lunga pausa del periodo festivo, e avevano fatto rotta in direzione delle zone ricche di banchi di gambero rosso quando la capitaneria di porto italiana li aveva contattati chiedendogli di andare a dare una mano nelle operazioni di salvataggio. La comunicazione non era ancora conclusa, che già il comandante del peschereccio aveva impostato la rotta verso il punto indicato da Roma.

Il *Poseidone* era stata tra le prime imbarcazioni ad arrivare sul posto e tra le ultime ad andarsene. E dopo aver trasbordato i sessanta passeggeri sulle due motovedette della guardia costiera, i suoi uomini avevano deciso di fare rotta verso Lampedusa per vedere di dare una mano anche a terra. I pescatori sono fatti così, li conosco bene. Sono pescatore anche io, era pescatore mio padre.

Chiusi la conversazione con la capitaneria di porto, andai nella stanza a fianco alla mia. «Dai, andiamo al molo che ne arrivano altri, forza» dissi ai miei collaboratori, che si alzarono di scatto e, senza nessun indugio, indossarono i giacconi pesanti.

Pochi minuti dopo eravamo di nuovo lì, al nostro posto di combattimento, e cioè sulla banchina a contemplare la perfezione di quel buio Mediterraneo. Uno schermo nero e freddo con una lucina proprio nel mezzo che, secondo dopo secondo, diventava sempre più grande. Erano le due motovedette con il loro carico di disperazione che lentamente si avvicinavano a noi.

Quante volte ho vissuto quella scena negli ultimi trent'anni? In ogni guerra c'è sempre un dottore che aspetta l'arrivo di morti e feriti dal fronte, dopo una battaglia. Lo si vede in tutti i film: un uomo inquieto che gira per le corsie vuote, si assicura che ognuno sia al suo posto, che il magazzino sia pieno di antibiotico, che tutto sia pronto.

Era lo stesso per me. Anche se non ero in un ospedale, scalpitavo sul molo in attesa delle motovedette.

La legge stabilisce che, a ogni arrivo, io sia il primo a salire a bordo per rendermi conto della situazione e per vedere se c'è qualcuno con sintomi di malattie infettive. Così, da protocollo, salgo sull'imbarcazione e mi do una rapida occhiata intorno. Di solito questo è uno dei momenti peggiori. Perché il medico deve prevalere sull'uomo, ma non è facile. Non è facile incrociare gli occhi di decine di persone disperate e distrutte da un viaggio interminabile e doversi limitare a indagare eventuali sintomi di improbabili malattie infettive.

Faccio fatica a spiegare la delicatezza di quegli attimi. Bisogna essere veloci e rassicuranti. Furbi e precisi. Perché lo sbarco è uno dei momenti decisivi dell'intera tratta dei migranti. Quello in cui, spesso, si regolano i conti tra passeggeri e scafisti. Quello in cui si rinsalda il vincolo tra chi ha pagato – o ha promesso soldi – per fare il viaggio e il suo «protettore». E tu sei lì, a controllare che nessuno abbia la scabbia, a cercare macchie sul palmo della mano, ombre sul fondo degli occhi. Occhi smarriti che non hanno niente da raccontare se non l'inferno che hanno attraversato, i figli che hanno visto morire, la fame che hanno avuto. Quelle persone dopo essere fuggite da città in guerra e attraversato deserti pericolosi, dopo mesi o anni di detenzione nei lager e la traversata nel Mediterraneo, non sanno più dove si trovano e spesso nemmeno più dove stanno andando. Non sanno se l'uomo che adesso gli prende la mano per controllarla li sta per condannare, per rapinare, o vuole solo dargli un antibiotico.

Le due motovedette erano ormai all'ingresso del porto e gli uomini della guardia costiera stavano preparandosi alla manovra. Aiutai a passare la cima d'attracco e con un salto montai a bordo. «Dottore, sono sessanta.» La scena era la stessa di sempre. Mi guardai intorno e mi trovai circondato, assediato, da sguardi terrorizzati e dolenti. Avrei fatto qualsiasi cosa per rassicurarli. Per dire loro: «Non preoccupatevi, l'incubo è finito. È stato un inferno ma ce l'avete fatta e ora andrà tutto bene».

Ma non sono uno sprovveduto, ho visto troppe scene del genere per non sapere che sarebbe stata una bugia. Che l'incubo non era affatto finito. Che avrebbero sbattuto contro un muro durissimo di diffidenza. E, però, era anche vero che da quel momento e per i giorni successivi nessuno avrebbe fatto loro del male, e anzi li avremmo accuditi, curandoli, sfamandoli, dando loro da bere. Avrei voluto dirglielo, ma non c'era il tempo.

Bisognava visitarli uno per uno e mandarli al centro. Non avevano infezioni, su questo ci avrei scommesso. Non succedeva quasi mai. Anzi, di solito i profughi si ammalano qui. Arrivano indeboliti dal viaggio, e il loro sistema immunitario fatica a adattarsi al nuovo ambiente. Ma è difficile che arrivino qui con infezioni.

Il primo controllo fu molto rapido. I pochi che parlavano qualche lingua occidentale raccontarono che si trattava per lo più di gente fuggita dall'Africa subsahariana e imbarcatasi in Libia.

Non avevano infezioni, no, non erano pericolosi. Però stavano quasi tutti male, erano disidratati, allo stremo, e alcuni di loro avevano i sintomi di una ipotermia già abbastanza avanzata. Insomma, si poteva procedere allo sbarco, all'identificazione e al trasferimento verso il centro di accoglienza.

C'era, però, una cosa che volevo fare.

Una delle prime stranezze che avevo notato salendo a bordo della motovedetta è che in un angolino, tutta sola, c'era una ragazzina che sembrava abbandonata. Di solito i bambini viaggiano insieme a qualcuno: quando non sono i genitori, sono amici di famiglia o addirittura persone conosciute occasionalmente a cui i genitori – spesso morti durante il tragitto – hanno affidato i loro figli per assicurarsi che potessero arrivare dall'altra parte. E nei momenti concitati dello sbarco, i bambini stanno avvinghiati a chi li accompagna: sono giunti in un mondo nuovo e hanno paura. È comprensibile.

Lei invece cercava di non farsi notare, di nascondersi in mezzo agli altri passeggeri. Teneva lo sguardo basso. Così mi sforzai subito di memorizzare la sua posizione per poterla tenere d'occhio nei minuti successivi. E di tanto in tanto tornavo con lo sguardo a controllare che cosa faceva e chi le si avvicinava. Ma niente, quella bimba era da sola. E l'unica cosa chiara era che aveva molta paura.

Ed era comprensibile. Una bambina può valere molti soldi per un trafficante di uomini. Ci sono mille modi in cui certa gente può speculare sulla vita di una creatura come quella: può venderla, avviarla alla prostituzione, rintracciare i suoi genitori e ricattarli. Se, come capita quasi sempre, a bordo ci fosse stato uno della Rete o qualche altro balordo, ci avrebbe messo pochissimo a spacciarsi per il padre o per un parente e a farla sparire una volta arrivati sulla terraferma. Se ci fossimo distratti, la vita di quella bambina sarebbe stata distrutta. Così mi avvicinai e cercai di stabilire un primo contatto con lei.

Aveva tutti i capelli arruffati e la faccia sporca di polvere. Si faceva fatica a capire quanti anni potesse avere. Forse nove, forse undici. Aveva lo sguardo profondo e serio di certi adolescenti, ma i lineamenti e l'espressione di una bimba. La cosa che saltava all'occhio, però, era la sua tristezza.

Faceva fatica a parlare. In realtà, non parlava proprio. «Da dove vieni?» «Come ti chiami?» «Dov'è tuo papà? Tua mamma?» Glielo ripetevo in tutte le lingue in cui potevo. Niente. Era difficile comunicare e lei rimaneva immobile, seduta in quell'angolino che aveva battezzato come il suo, e non dava alcun cenno di risposta. E più passavano i minuti e più mi rendevo conto che con lei non c'era davvero nessuno. E dunque era in pericolo.

Alzai per un attimo lo sguardo, vidi il ponte della motovedetta, il molo, il mare nero, gli uomini impegnati nelle operazioni di sbarco. E mi fu chiaro che dovevo fare qualcosa, non potevo lasciare che quella bimba venisse inghiottita dalla macchina burocratica dell'isola e «scaricata» dentro il centro di accoglienza affollato di profughi disperati.

L'aiutai ad alzarsi e la invitai a seguirmi. Contrariamente a quanto mi aspettavo, notai con sollievo che non faceva alcuna resistenza. Zoppicava un po', ma camminava al mio fianco senza timore, anzi vedevo che cercava anche di tenere il passo.

«Dottore, dove la porta?» mi chiese una poliziotta mentre ci dirigevamo verso la mia macchina.

«Al poliambulatorio... È piccola e debilitata, ha bisogno di una visita specialistica pediatrica. Sta male, la visitiamo là» risposi in tono categorico.

Dopo pochi minuti eravamo in infermeria, pronti per la visita. La piccola si guardava attorno come per cercare aiuto, eppure continuava a non proferire parola. Io avevo deciso di cambiare strategia e di smettere per un po' con le domande. Tanto era chiaro che non aveva alcuna voglia di parlare, di dirci chi era. Per il momento era meglio farle capire con i fatti che poteva fidarsi di noi, che ci saremmo presi cura di lei. Le feci preparare un tè con i biscotti e poi, insieme con le infermiere, la facemmo accomodare sul lettino per una visita più completa. Appena spogliata, ci rendemmo conto della situazione e di quanto dolore dovesse provare quella bambina. Aveva la «malattia del gommone».

Non che vada particolarmente orgoglioso della cosa, ma il nome l'ho inventato io. Si tratta di una patologia che ho riscontrato sempre più spesso, specialmente da quando i trafficanti hanno smesso di organizzare dei viaggi con barche in grado di fare l'intera traversata, ma hanno cominciato a usare i gommoni, ché tanto se poi si rovesciano o si piantano in mezzo al mare arriva qualche vedetta o qualche peschereccio e carica i superstiti. Quelle imbarcazioni sono spesso spinte da motori piccoli, con serbatoi altrettanto piccoli che vengono riempiti in mezzo al mare dagli scafisti. Inevitabilmente succede che la benzina fuoriesca dal serbatoio. Ora, la disposizione dei migranti a bordo durante le traversate non è mai casuale. Esternamente, a cavalcioni sul bordo dello scafo, si mettono gli uomini più in forze, mentre al centro, seduti sul fondo, le donne, i bambini e i malati. E sono proprio loro quelli a cui più spesso ho diagnosticato questa malattia.

La benzina fuoriuscita dai serbatoi si raccoglie sul fondo dell'imbarcazione e lì si mischia con l'acqua salata creando una miscela corrosiva, ustionante. Questa miscela inzuppa tutto, gli abiti delle persone che sono sedute al centro della barca, i loro capelli, gli oggetti che portano con sé. Come tutti i flagelli, anche questo si presenta con l'inganno: la miscela di benzina e acqua salata a contatto con la pelle produce una sensazione piacevole, di calore diffuso, e considerando che la maggior parte di questi viaggi avviene di notte, quando in mezzo al mare fa freddo e c'è molta umidità, è comprensibile come nessuno faccia niente per evitare di stare a mollo lì dentro. Pensano di scaldarsi. In realtà, bruciano. Quel liquido divora la pelle e la carne. Ma quando se ne accorgono è troppo tardi.

Anche quella bambina dolcissima e spaventata aveva la malattia del gommone. Con le mani continuava a indicare le parti intime, le ustioni le aveva proprio lì. Evidentemente aveva viaggiato seduta sul fondo della barca.

Per fortuna, le sue ustioni non erano troppo gravi. Nei giorni precedenti, ma anche quella sera stessa, ne avevo viste di ben peggiori. A lei sarebbe stata sufficiente una medicazione ben fatta e un po' di attenzione nei movimenti nei giorni successivi. Le infermiere dell'ambulatorio la adottarono praticamente all'istante. La lavarono tutta, le applicarono creme e garze, e le trovarono dei vestitini caldi e puliti. Nel giro di un paio d'ore, la piccola aveva completamente cambiato aspetto. Adesso sembrava una principessa uscita fuori da una fiaba africana. Per quanto tristi, i suoi occhi profondi scintillavano nella notte illuminata dai neon della corsia.

Nel mio ufficio continuavano ad arrivare i poliziotti. «Dottore, ma perché state trattenendo qui la bambina?» chiedevano sospettosi. Mica la volevo rubare. È solo che non avevo nessuna intenzione di mandarla da sola nel centro di accoglienza. Non mi fidavo, c'era un sacco di gente, un sacco di uomini, era un periodo intenso di sbarchi e, con ogni probabilità, avrebbe potuto tornare sotto il controllo di chi l'aveva fatta imbarcare.

«Perché ha bisogno di cure, e possiamo dargliene solo qui dentro. Tanto al più presto la trasferiamo a Palermo... al centro ustioni.»

I poliziotti facevano una faccia poco convinta ma non si azzardavano a replicare. La bimba sarebbe rimasta lì con noi, quella notte.

Dormimmo tutti poco. Un po' perché ormai era tardi e l'indomani, comunque, avremmo dovuto cominciare molto presto, un po' perché l'adrenalina della sera precedente continuava a scorrere indisturbata per il reparto ed eravamo tutti elettrici.

Quando arrivai, la mattina successiva, la feci subito chiamare. Mi avevano detto che aveva passato una notte tranquilla e speravo che finalmente avrebbe potuto raccontarmi qualcosa in più di lei, di quello che aveva passato, di come una ragazzina così piccola potesse trovarsi, sola, in una situazione simile.

Quando entrò nel mio ufficio, proprio come la sera precedente, mi colpì per la sua bellezza. Ma stavolta mi colpì anche perché nei suoi modi, nelle sue espressioni, nel suo sguardo c'era qualcosa che stonava. Non doveva avere più di dieci anni, eppure per certi aspetti sembrava già un'adulta. Come se un'adolescenza involontaria e innaturale l'avesse strappata all'infanzia.

La feci accomodare sul divanetto blu a due sedute che ho appoggiato alla parete davanti alla scrivania. Poi feci chiamare il nostro mediatore culturale. Ma ancora prima che questo strano incrocio tra uno psicologo e un interprete entrasse nella stanza, mi resi conto che tra di noi il ghiaccio si stava sciogliendo, che lei cominciava a fidarsi di me. Era intelligente, si vedeva lontano un chilometro, e si era resa conto di essere in mani sicure. Così non ebbe nessuna difficoltà a capire il mio nome e a confidarmi il suo: Anila.

Accolsi quella confidenza come un trionfo personale. Nella comunicazione tra due persone di età diverse e in condizioni emotivamente precarie, che non condividono nessuna lingua, nessuna convenzione sociale, quello scambio era preziosissimo.

Poi entrò il mediatore e Anila lentamente si aprì ancora un po'. E ci raccontò che veniva dalla Nigeria, che aveva fatto un viaggio lunghissimo, tutto da sola, perché voleva andare dalla mamma. Era passata dalla Libia, dove si era imbarcata una prima volta, poi però il suo gommone aveva fatto naufragio. Gli ufficiali della guardia costiera l'avevano riportata da dove era partita e da lì si era di nuovo imbarcata. E finalmente era stata raccolta in mare dal peschereccio di Mazzara del Vallo.

Ascoltavo la sua storia e a ogni singolo passaggio mi venivano i brividi. Perché sapevo che dietro ogni parola che il mediatore culturale riusciva a farle pronunciare si celavano sofferenze incredibili, detenzioni, violenze, abusi. Di questi ultimi ero praticamente certo già dalla sera precedente, dopo la visita ginecologica. Non ebbi più dubbi dopo che le rivolsi la prima domanda su cosa era successo durante il viaggio con gli uomini che erano con lei: abbassò gli occhi e smise di rispondere.

Cambiammo discorso.

«E senti, piccola,» le feci chiedere dal mediatore culturale «dov'è tua mamma, che la facciamo contattare?»

«In Europa.»

«Eh, sì, in Europa. Ma dove in Europa?»

«In Europa.»

«Ma l'Europa è grande... Dove?»

Silenzio.

«Anila... in Europa dove? Germania? Francia? Italia?»

Silenzio.

«Sai che cos'è l'Europa, Anila?»

«No.»

V
L'impossibile

L'Europa è un posto grande, Anila. Grandissimo. Dove la troviamo tua madre? Non ce la faremo mai... È impossibile.

Per un attimo mi mancò il fiato e un forte sentimento di impotenza cominciò a invadere il mio animo. L'ho riconosciuto subito, quel sentimento. È quasi un compagno di vita, ormai, per me. Da quando sono tornato a Lampedusa non mi dà tregua. Si annida in ogni gesto, in ogni luogo. È parte integrante della mia attività. Ed è uno degli aspetti della mia vita con cui ho più difficoltà a regolare i conti. La frustrazione che mi travolge ogni volta che mi ritrovo senza risposte, senza alternative, senza soluzioni, senza via di scampo, è più potente di qualsiasi altra cosa.

Così, quando capii che Anila aveva affrontato tutto quel viaggio per compiere un'impresa che non aveva alcuna possibilità di riuscita – ritrovare la mamma avendo come unica indicazione il fatto che si trovava in Europa – mi vennero le lacrime agli occhi. E con la mente andai a un episodio che mi era accaduto qualche anno prima.

Erano i primi giorni d'estate, stavo passeggiando sulla spiaggia della Guitgia e incrociai un gruppo di ragazzi neri che erano usciti a fare due passi. C'erano i primi turisti che facevano il bagno, e si vedeva che i ragazzi cercavano di mantenere una certa distanza, come per non disturbarli.

Rimasi qualche secondo fermo a osservare la scena, un'allegoria che non riuscivo bene a decodificare, e in quell'istante mi resi conto che uno di loro era molto triste, camminava da solo, dietro al gruppo, distaccato di qualche metro.

Si vedeva che non aveva voglia di parlare con i suoi compagni, e che quel mare splendido che si apriva di fronte a lui non gli comunicava la stessa gioia e voglia di vivere che invece trasmetteva a tutti gli altri, me compreso.

Assorto nei suoi pensieri, lontano, fissava le mamme e i bambini che giocavano con la sabbia sotto il sole. Mi avvicinai un poco a lui e mi resi conto che stava piangendo, allora mi venne spontaneo rivolgergli la parola e gli chiesi con cautela che cosa avesse. «Mi manca mia madre» mi disse. Mi fece una tenerezza enorme. Era un ragazzone alto e grosso, aveva 19 anni, ma quando aveva parlato della mamma aveva scelto le stesse parole che avrebbe usato un bambino di dieci. E anche lo stesso tono.

Veniva dal Ghana, aggiunse poi, cominciando ad aprirsi un poco. Gli chiesi qualche dettaglio in più, e lui mi raccontò di un viaggio interminabile e di un presente, a Lampedusa, fatto di incertezza e apatia. Capivo bene cosa stesse provando, me ne parlavano quasi tutti gli immigrati che rimanevano per qualche tempo sull'isola. Non sapeva per quanto ancora sarebbe dovuto restare lì da noi, né cosa avrebbe fatto dopo. Nessuno gli dava informazioni precise e il tempo, ai suoi occhi, era diventato un immenso mare piattissimo, impossibile da navigare.

Quindi fece una lunga pausa e, fissandomi negli occhi, mi chiese se per caso io fossi una «persona importante».

«Ma, no… sono solo il medico del posto.»

«Allora sei importante.»

«E perché me lo stai chiedendo?»

«Perché forse puoi aiutarmi. Io voglio tornare indietro. In Ghana. Da mia madre. Non mi importa niente dell'Europa. Voglio solo andare a casa mia.»

In tanti anni era la prima volta che qualcuno mi chiedeva una cosa del genere. Non avevo la minima idea di come si potesse rimandare quel ragazzo in Ghana. Pensai e ripensai, ma alla fine mi resi conto che non potevo fare nulla per lui. Lui che non stava chiedendo niente di strano. Solo tornare a casa sua. Ma sapevo bene che il sistema non prevedeva nulla del genere, che nessuno gli avrebbe autorizzato o finanziato un viaggio verso il Ghana. Era in trappola. Provai a spiegarglielo nel modo più gentile che trovai. Ci rimase malissimo. E anche io.

Sono venticinque anni che sto qui, su questo maledetto molo, ad aspettare l'arrivo di gente disperata, e ancora non mi sono abituato all'insopportabile sensazione di impotenza, al nodo che ti stringe la gola e ti fa abbassare le braccia ogni volta che qualcuno ti fissa negli occhi implorandoti di fare qualcosa per lui e tu capisci che non puoi. Quante volte sono rimasto senza parole, quante volte ho visto gli occhi velarsi di lacrime?

L'altro ricordo che mi travolse, mentre guardavo Anila seduta sul divanetto blu che mi chiedeva di trovarle la mamma in Europa, è quello di Anuar. Anche lui era nigeriano, e doveva avere più o meno la stessa età di Anila. Era arrivato a Lampedusa insieme ad altri 120 migranti. Fuggiva dalla follia di Boko Haram. Ci parlai a lungo la sera stessa del suo arrivo. Era un ragazzino, ma sembrava un uomo fatto e finito. Aveva visto di tutto, a cominciare dall'assassinio del padre, che i miliziani avevano compiuto apposta davanti a lui e alla mamma. Dopo il delitto, quella povera donna decise che almeno lui, il suo piccolo Anuar, doveva salvarsi. Prese i risparmi di famiglia e glieli consegnò. Vattene, gli disse. Scappa da qui. Poi chiamò un amico, un ragazzotto poco più grande di Anuar, che stava per partire per l'Europa, e lo implorò di portare suo figlio con sé. Lui accettò.

Per Anuar fu durissima. Non voleva lasciare la mamma da sola in Nigeria. Ma alla fine dovette cedere.

Arrivati in Libia dopo la traversata del deserto, l'amico lo scaricò, gli disse che da quel momento in avanti avrebbe dovuto cavarsela da solo: «Per me d'ora in avanti sei un peso».

Così Anuar rimase da solo in un Paese ostile come la Libia. Un ragazzino di meno di dieci anni. «Per fortuna,» mi spiegò mentre lo visitavo «un giorno ho incontrato un vecchio che si è preso cura di me. Sono stato fortunato. Mi ha aiutato fino a quando sono potuto salire sul barcone e partire per l'Italia. Adesso sono qui e voglio trovare un lavoro, fare abbastanza soldi per tornare a casa e salvare mia madre.»

Quel racconto mi commosse. Tornai a casa da Rita e ci fu una lunga discussione. Volevo prendere Anuar con noi, le dissi. Avremmo potuto chiedere la custodia momentanea e dargli una mano a realizzare il suo progetto. Lei non era d'accordo. Non era quella la strada giusta per aiutare le persone in arrivo a Lampedusa. Non era quello il contributo che eravamo chiamati a dare.

Mi arresi. Rita aveva ragione. Lo sapevo perfettamente. E lo sapevo anche quando, qualche mese dopo, cedetti nuovamente alla tentazione della scorciatoia e chiesi al tribunale di Palermo di poter adottare Favour.

Favour era una bambina dolcissima, arrivata al molo Favaloro la sera del 25 maggio 2016. Aveva meno di un anno, e due occhi grandissimi. La mamma, incinta di un altro bimbo, era morta durante il viaggio sul barcone e l'aveva affidata a una donna conosciuta solo poche ore prima. Questa storia mi commosse, pensai al dolore lancinante che doveva aver provato quella povera mamma, sul punto di morire, nel lasciare l'unica figlia nelle mani di una sconosciuta.

Poi mi capitò di prendere in braccio Favour e successe qualcosa di magico. Sentii che tra quella creatura e me c'era un legame particolare. Era bellissima. Le ragazze dell'ambulatorio l'avevano cambiata e vestita di tutto punto. E le avevano dato il latte, visto che era affamata. Mi commuoveva guardarla giocare con i pupazzetti nella sala riservata ai bambini. Non so cosa accadde, quali corde risuonarono in me, ma ebbi l'impressione di averla conosciuta da sempre. Qualcuno ci scattò una foto e la pubblicò sui social.

Anche quella sera, tornato a casa, discussi con Rita. In realtà, fu più che altro una comunicazione: le dissi che avrei fatto richiesta di averla in affido. I nostri figli ormai erano grandi e noi non eravamo poi così vecchi... E in casa avevamo tutto lo spazio che serviva. Insomma, c'erano le condizioni per fare un ottimo lavoro. Sentivo che dovevo farlo. La richiesta di aiuto negli occhi disperati di quella bambina non sarebbe caduta nel vuoto. Rita, sia pure riluttante, non riuscì nell'impresa di convincermi a desistere come aveva fatto con Anuar. «Pietro,» si limitò a dirmi «stai attento, non vorrei che avessi una delusione.»

E così dalla mattina seguente cominciai a fare tutto quello che dovevo per ottenere l'affido di Favour. La sola idea di averla con noi mi riempiva il cuore di gioia. Così come mi atterriva il pensiero che avrei anche potuto fallire nell'impresa.

Il giorno che l'accompagnai all'aeroporto di Lampedusa per trasferirla a Palermo in attesa delle decisioni del tribunale, avevo un tale groppo in gola che quasi non riuscivo a respirare. Ma era normale, era la prassi. Quindi continuai a sperare.

Via via che la pratica procedeva, però, mi rendevo conto che le possibilità che la vicenda si chiudesse con un lieto fine erano davvero poche. Anche perché nel frattempo la fotografia di noi due pubblicata sui social aveva fatto il giro del mondo, attirando l'attenzione di tutte le emittenti internazionali che l'avevano rilanciata sui tg dell'ora di cena, e si era scatenata una vera e propria corsa all'adozione.

Alla fine, quando seppi che il tribunale aveva deciso di dare Favour in affido a una giovane coppia di Palermo, la delusione fu enorme. E mi ritrovai a fare i conti con quanto era successo. Una volta di più mi fu chiaro che Rita aveva ragione e che quello non era il modo giusto di fare la mia parte. Che la mia era stata una forma di debolezza, una reazione istintiva e tutto sommato umana al sentimento di impotenza.

Lo capii ancora meglio pochi giorni dopo. Una nave spagnola aveva tratto in salvo da un naufragio un bambino eritreo di cinque anni: Mustafà. Arrivò a Lampedusa a bordo di un elicottero. Era praticamente in fin di vita. Sulla nave i medici non erano nemmeno riusciti a trovargli la vena per mettere la flebo. La sua temperatura corporea si aggirava intorno ai 27 gradi e gli avevano dovuto fare un'infusione intraossea, con l'ago conficcato direttamente nella tibia. Un'operazione dolorosissima, specialmente per un bambino così piccolo.

Presi in braccio Mustafà ai piedi dell'elicottero. Mi spiegarono che aveva perso la mamma e la sorella in mare. Le aveva viste morire entrambe. Era distrutto, sia emotivamente sia fisicamente. Era freddissimo, dovevamo fargli delle flebo riscaldate per stabilizzare la temperatura corporea. Quando vide l'ago sgranò gli occhi. Non voleva rivivere l'incubo dell'infusione nella tibia, così ci porse il braccio, quasi per agevolarci. Aveva fame, e ce lo fece capire portando la mano chiusa a cucchiaio verso la bocca. Gli feci preparare una cioccolata calda e dei biscotti. Poi lo aiutai a mangiare.

Migliorò, ma le sue condizioni erano comunque gravissime e a Lampedusa non avevamo le attrezzature necessarie per curarlo bene. Allora lo indirizzai verso l'Ospedale dei bambini di Palermo. Ricordo il viaggio verso l'elipista, e l'ultimo saluto. Stringeva in mano un coniglietto di peluche che gli avevamo dato poco prima e che lui aveva ribattezzato «Battolo».

Prima di salutarci e decollare di nuovo, mi sorrise. E in quel preciso istante capii che quello, e solo quello, era il modo giusto per fare i conti con il senso di impotenza. Accogliere e curare. E nulla più.

Il giorno dopo la partenza di Mustafà andai al bar a fare colazione e a leggere i giornali. Ero convinto che ci avrei trovato la sua fotografia e che sarebbe dunque partita un'altra gara di solidarietà, proprio come era successo per Favour. E invece niente. Quel ragazzino che avevo visto resistere eroicamente a prove incredibili non meritava neanche una riga. Provai per un attimo a immaginare la faccia del direttore del giornale che aveva preso la decisione di ignorare Mustafà e la sua tragedia, e fui invaso da una rabbia cieca. Chissà con quale autorità aveva preso la sua decisione. Chissà quale pensiero lo aveva spinto a cestinare la storia. In quei giorni sull'isola c'erano giornalisti ovunque. Così non mi fu difficile trovarne uno per confrontarmi su quella che consideravo una scelta incomprensibile, una vera e propria ingiustizia perpetrata dall'informazione ai danni di un bambino di cinque anni. Perché Favour sì e lui no? Mi sentii rispondere che, per quanto brutto fosse, era normale così. «Dottore, sa quanti bambini non accompagnati giungono ogni anno in Italia?»

Il numero esatto non lo conoscevo, potevo solo immaginarlo.

Lui continuò: «Settemila».

Rimasi in silenzio.

«Non tutto ciò che è importante, o tragico, o entrambe le cose insieme, è una notizia. Per quanto atroce e cinico, nel caso di Favour la notizia era la fotografia, le vostre espressioni, il contrasto fra la bellezza della bimba e la sua disperazione.»

Capivo perfettamente ciò che voleva dirmi, eppure faticavo terribilmente ad accettarlo. Il giornalista insisteva con le sue spiegazioni che non facevano una piega: «Se dovessimo montare una storia per ognuno dei settemila bambini che sbarcano in Italia ogni anno, non basterebbero tutte le pagine dei giornali...».

Io lo fissavo senza proferire parola e nel frattempo, dentro di me, continuavo a ripetermi che non era giusto, che avrei dovuto provare a cambiare le cose. Ma sapevo benissimo che non era possibile, che non sarebbe cambiato nulla. E infatti eccomi ancora qui, due anni dopo, davanti a un'altra bambina arrivata a Lampedusa completamente da sola, che mi raccontava la sua storia.

Anila, 11 anni, nigeriana. Una dei settemila.

VI

Numeri

Quando Anila mi ha detto che non sapeva cos'è «Europa», devo aver fatto un'espressione molto buffa, perché sorrise.

Non avrei mai detto che una bambina di appena 11 anni, in una situazione del genere, potesse trovare la forza di sorridere. Pensai che quel sorriso fosse una specie di apertura da parte sua, una sorta di invito. Era il momento giusto per capire qualcosa di più su quanto le era successo. Se volevo aiutarla dovevo partire da lì. Invitai il mediatore culturale a chiederle per quale motivo avesse deciso di lasciare il suo Paese. Cercai la domanda più generica possibile, per consentirle di scegliere da quale versante cominciare a raccontare la storia. Anila fece una breve pausa e cominciò parlando della mamma.

Disse che l'aveva lasciata in Niger quando lei era molto piccola. E che da allora non aveva più notizie. Aveva vissuto con la nonna per tutto quel tempo, ma poi la nonna era morta e così aveva deciso di mettersi in viaggio per trovare la mamma. In Europa.

«Ho capito,» quasi sbuffai «ma così come facciamo… Senza un'indicazione, senza un numero…»

Alla parola «numero», senza nemmeno bisogno che il mediatore traducesse, negli occhi di Anila si accese una luce.

«Un numero» ripeté.

Annuii per incoraggiarla. «Un numero di telefono.»

E allora lei spiegò che un numero in effetti ce l'aveva, lo sapeva a memoria, lo aveva imparato poco prima di partire. Ma era passato molto tempo... ecco, insomma, non era sicura di ricordarlo con precisione.

«Va bene, non importa... Proviamo. Dimmi il numero che ricordi.»

E cominciò: «Zero zero trentatré...».

Era un cellulare francese.

Provai a comporre il numero, ma non funzionava. La voce registrata della compagnia telefonica diceva che il numero era inesistente. Certo, poteva averlo dimenticato. O magari, in tutto quel tempo, la madre aveva cambiato scheda.

«Sei sicura?» chiesi ad Anila.

Era una domanda sciocca. Perché lei mi aveva appena detto che non era sicura. E, insomma, le stavo mettendo inutilmente pressione. Ripeté il numero: «Zero, zero trentatré...», ma stavolta invertì involontariamente le ultime due cifre della serie. Non le dissi nulla e provai con quella nuova formulazione. Ma niente, la solita voce registrata.

Però, pensai, qualche tentativo a casaccio forse valeva la pena farlo. Allora cominciai a combinare in tutti i modi possibili le tre cifre finali. E già che c'ero, di tanto in tanto inserivo qualche variazione anche con la quartultima. Quando alzavo lo sguardo dal display del mio smartphone, vedevo che Anila mi fissava tra il divertito e l'incuriosito. Il mediatore culturale, invece, era più sull'interdetto: provare a indovinare un numero di cellulare gli sembrava una cosa da pazzi, punto e basta.

In effetti, lo era.

Ma non sempre le cose da pazzi sono sbagliate. Così, più o meno al cinquantesimo tentativo, finalmente il telefono squillò.

Nella stanza scese un silenzio profondissimo. Si sentiva soltanto il suono dello squillo che proveniva dal mio cellulare. Ero quasi certo che nessuno avrebbe risposto.

Poi, all'improvviso, una voce maschile rispose. In francese. Io parlo pochissimo il francese e l'uomo dall'altro capo del telefono non mi capiva. O fingeva di non capirmi. Non sapevo che fare, che dire. Non mi ero preparato. In fondo anch'io pensavo non ci fosse nessuna reale possibilità di azzeccare il numero. Così, precipitosamente passai il telefono ad Anila. Se c'era qualcosa di giusto da dire in quel momento, lei l'avrebbe detto.

E infatti i due cominciarono a parlare. Fu una conversazione breve e nervosa. Che lasciò Anila visibilmente delusa.

«Che ha detto?» le chiesi.

Lei guardò il mediatore culturale, che tradusse la mia domanda. Poi fece una lunga pausa e infine sussurrò qualcosa.

«Dice che non sa niente della sua mamma» riferì il mediatore.

Rimasi deluso anch'io. Però c'era qualcosa che non tornava. Perché dal tono con cui Anila si era rivolta all'uomo, dalla loro pur breve conversazione, avevo avuto la netta impressione che i due si conoscessero. Presi il telefono dalle mani di Anila e chiamai di nuovo l'ultimo numero. Questa volta, però, non rispose nessuno.

In quel momento bussarono alla porta. Era la polizia. Gli agenti volevano sapere che cosa avessi intenzione di fare con la bambina. Volevano che la mandassi al centro di accoglienza. Ma io già non avevo alcuna intenzione di farlo la sera precedente, figurarsi adesso che avevo una concreta possibilità di darle una mano.

«Guardi,» risposi «la bambina sta molto male. Dobbiamo mandarla a Palermo. Datemi giusto il tempo di organizzare il trasferimento.»

Attesi qualche secondo che gli agenti se ne fossero andati e poi riprovai a chiamare. Niente, non rispondeva nessuno.

Non poteva finire così. Quel numero era l'unica possibilità che avevamo di ritrovare la mamma di Anila e non avrei certo permesso che si vanificasse. Ma non volevo nemmeno insistere troppo con la bimba presente. Così sdrammatizzai un poco, misi il cellulare in tasca e decisi di prendere tempo. Del resto, era quasi ora di pranzo. Una pausa avrebbe fatto bene a tutti. Anila andò nella ludoteca del poliambulatorio a giocare, io a mangiare qualcosa. Ne avremmo riparlato nel pomeriggio.

Per l'intero pranzo continuai a pensare a quanto era successo. Continuai a chiedermi chi poteva essere la persona che aveva risposto al telefono. Se era vero che aveva riconosciuto Anila, di certo non doveva essere un amico della madre, perché altrimenti l'avrebbe aiutata. Probabilmente era qualcuno dell'organizzazione che aveva portato in Europa quella donna e adesso, forse, la teneva in qualche modo prigioniera. Ma potevo anche essere in errore. E la persona che aveva risposto non ne sapeva davvero niente, non c'entrava niente; insomma, avevamo sbagliato numero. Ma no, non poteva essere così. Uno dice: «Guardi, ha sbagliato numero», mica si mette a parlare con una ragazzina sconosciuta...

Morso dalla curiosità, non resistetti e feci nuovamente quel numero. Stavolta l'uomo decise di rispondere. Gli dissi nel mio francese stentato che la bambina voleva solo sapere come stava la mamma, e che mi *doveva* aiutare. Ma lui non mi rispondeva. E, dopo qualche secondo, riattaccò.

Il suo comportamento era sempre più strano. Ormai ero certo che il numero che avevamo ricostruito insieme ad Anila fosse «giusto».

Feci trascorrere qualche ora prima di provare a richiamare. Nel frattempo cominciai a organizzare il trasferimento di Anila a Palermo. Avrebbe dormito un'altra notte insieme a noi, all'ambulatorio, dove ormai si era ambientata. Era il posto migliore in cui potesse stare a Lampedusa. Il personale ci aveva messo poche ore ad affezionarsi a lei. E lei era, ora dopo ora, sempre più a suo agio e sorridente. Sarebbe partita in elicottero la mattina successiva.

Già che c'ero mi permisi di disturbare il sindaco di Palermo, Leoluca Orlando, e di segnalargli l'arrivo di Anila. So che è una persona molto sensibile a certi argomenti, così gli raccontai brevemente la situazione, le difficoltà che la piccola aveva dovuto affrontare durante il suo viaggio. Non ci fu bisogno di molte parole. Mi tranquillizzò: ci avrebbe pensato lui a dare ad Anila la migliore accoglienza possibile.

Verso sera, chiamai nuovamente il numero. Stavolta mi ero preparato qualche frase in francese, ma rimasi spiazzato, perché rispose un'altra persona. Ricominciai daccapo a spiegare tutto, però la voce dall'altra parte fu molto brusca: «Non ne so niente. Non so chi sia». E attaccò. Sentii la rabbia che mi montava dentro. Non capivo a che gioco stessero giocando quei tizi, di certo non mi piaceva. Così d'impulso scrissi un sms utilizzando le frasi che mi ero preparato, poco prima, per la telefonata: «Buona sera, io sono un medico italiano. La bambina è qui con me e, a parte qualche ustione, sta bene. Voglio solo farle incontrare la mamma. Se potete aiutarmi, bene. Sennò, andate a quel paese».

Lo inviai. E per qualche istante mi sentii come quei naufraghi dei film che lanciano in mare la bottiglia col messaggio. Non mi avrebbero mai risposto, ne ero certo. Per questo trascorsi la notte confabulando tra me e me, immaginavo i passi successivi di quella che si preannunciava come una specie di indagine internazionale. Dovevo risalire all'identità di quei tizi che mi avevano risposto al telefono e da loro arrivare alla mamma di Anila. Ma come potevo fare? Avrei dovuto interessare della cosa la polizia? I servizi segreti? Forse potevo chiedere una mano a Orlando...

Dormii poco, e andai all'ambulatorio di buon'ora. Dovevo spiegare ad Anila quello che le stava per succedere e volevo farlo con la massima calma. Le dissi che di lì a poco con un elicottero l'avrebbero portata a Palermo, dove si sarebbero presi cura di lei. Non aveva nulla da temere e sarebbe andato tutto bene. Le promisi che nel frattempo io avrei cercato la sua mamma e che, appena avessi avuto notizie, gliele avrei comunicate. La cosa più importante era farle capire che non la stavo abbandonando, per questo sottolineai che sarei presto andato a trovarla.

Si fidò delle mie parole e non fece storie, anche se si vedeva che era turbata.

Sulla strada verso l'aeroporto Anila era molto silenziosa. Mi sembrava normale, chissà che turbine di emozioni, di paure aveva dentro. Un altro viaggio, un altro posto che nemmeno sapeva dov'era, altra gente sconosciuta che le avrebbe fatto domande... Anche io non avevo molta voglia di parlare. Cosa sarebbe stato di lei? Le possibilità reali di trovare sua mamma erano molto poche, quasi nulle. Cosa avrebbe fatto da sola? Dove avrebbe vissuto? Le avevo detto che sarebbe andato tutto bene, ma forse avevo mentito.

Con un nodo alla gola la salutai. Mentre la guardavo salire sull'elicottero non riuscii a non chiedermi se avevo fatto tutto ciò che dovevo. Mi venne in mente che forse, oltre al sindaco, potevo chiamare anche il direttore amministrativo dell'ospedale di Palermo, Vincenzo Barone, una persona straordinaria oltre che un mio caro amico. Avrebbe certamente accolto Anila come un papà. Lo cercai subito e, come avevo previsto, mi rassicurò: alla bimba non sarebbe mancata nessuna attenzione.

La sottile angoscia che mi aveva accompagnato per l'intera mattinata, però, non accennava ad abbandonarmi. Anzi, cresceva a mano a mano che l'elicottero si allontanava nel cielo di Lampedusa. Assorto nei miei pensieri, accesi la macchina per tornare all'ambulatorio. E proprio in quel momento squillò il mio cellulare.

Era un numero che non conoscevo. Francese.

VII

Monique

La voce era quella di una ragazza. Iniziò la conversazione parlando francese, ma presto passò all'italiano. Con una rapidità e naturalezza che mi colpì molto. Nel suo tono, però, c'era qualcosa che non tornava. Si rivolgeva a me senza usare frasi di cortesia e senza nessun garbo, in tono sospettoso, quasi ostile.

«Dov'è la bambina? Come sta?»

Pensai che non era il caso di fare i formali. In fondo, se voleva entrare subito nel vivo della questione era un bene per tutti, non avevo tempo da perdere. E Anila ancora meno di me.

Risposi alle sue domande sforzandomi di risultare il più collaborativo e rassicurante possibile. Chiunque fosse quella donna, era la mia ultima possibilità di aiutare Anila.

«Sta bene, sta bene… Ha solo qualche piccola ustione.»

«È lì?»

«No, non è più con me. È a Palermo. È partita questa mattina. Ha bisogno di cure. Ma, scusi la domanda, lei come fa a sapere della bambina?» provai a chiedere io.

Dall'altra parte non arrivò alcuna risposta.

Aspettai qualche secondo. Poi mi lasciai andare e praticamente implorai: «Sentimi bene. La bambina non mi sa dire niente, non sa dov'è la mamma. È da sola… È piccola.

Se la conosci, se sai chi è sua mamma, o anche solo come posso fare per trovarla, allora ti prego: dammi una mano».

Di nuovo, dall'altra parte, la voce rimase in silenzio. Infine, senza addolcire minimamente il tono, rispose dura: «Non so niente. Non conosco nessuno». E chiuse la conversazione.

Rimasi un paio di minuti fermo immobile con il telefonino in mano. Mi sentivo con le spalle al muro. Provai ad analizzare ciò che stava succedendo. Non so dire esattamente perché, ma ebbi l'impressione che tra le telefonate del giorno prima e quella che avevo appena ricevuto ci fosse molta differenza. Questione di sfumature, di pause. I due uomini che avevano risposto alle mie chiamate non sapevano cosa fare, come reagire, forse erano addirittura spaventati. Invece quella donna era come indecisa. Come se mi stesse sottoponendo a un test. Avevo l'impressione che avrebbe voluto aiutarmi, ma che facesse fatica a fidarsi del tutto.

Richiamai il suo numero. Rispose praticamente al primo squillo. Forse si aspettava quella mossa. Io la investii, senza lasciarle il tempo di parlare: «Senta, io non so chi è lei, ma io sono un medico. Il medico di Lampedusa, per l'esattezza. E da venticinque anni mi occupo di immigrazione. Lei sa cos'è Lampedusa?».

«Come ha detto che si chiama?» mi chiese la donna, imperturbabile.

«Bartolo... Medico di Lampedusa.»

«Medico di Lampedusa» ripeté con un tono leggermente scettico.

«Sì, e se non ci crede chiami l'ospedale di Palermo e chieda di me...»

«La richiamo.» E interruppe la conversazione.

Aspettai una decina di minuti. Poi il mio telefonò squillò di nuovo.

Solo qualche settimana dopo seppi che cosa era successo in quei dieci minuti. Fu la stessa Monique – era questo il nome della donna – a raccontarmelo. Chiamò l'ospedale di Palermo, si qualificò, «Sono un'assistente sociale di Marsiglia», e chiese se conoscevano per caso un medico di nome Bartolo che lavorava a Lampedusa. Non si fidava di me, potevo essere un membro dell'organizzazione che aveva portato Anila e la madre in Europa. Un malfattore. Dall'altra parte del telefono le spiegarono che sì, sapevano perfettamente chi ero, che lavoravano spesso con me, e che per la verità mi conoscevano un po' tutti lì. Incuriosita dalla risposta, digitò il mio nome su Google e trovò la mia storia, compresa la partecipazione al film *Fuocoammare*, che aveva visto poco tempo prima.

Mi richiamò subito. E io rimasi sbalordito dalla profonda dolcezza di quella voce, e anche dall'entusiasmo. Era cambiata completamente.

«Dottor Bartolo! Sono, mi scusi per prima... ma sa... non si può mai dire... Senta, qui con me c'è la mamma di Anila, si chiama Carla. Ora gliela passo.»

Ero commosso: l'avevamo trovata. Sentii un po' di fracasso al telefono, poi una voce che in francese provava a dire qualche parola. Ma quella donna era troppo felice per parlare. L'unica cosa che si distingueva chiaramente erano i suoi singhiozzi. Stava piangendo.

Sentivo tutta quella confusione gioiosa e non riuscivo a pensare ad altro che al momento in cui avrei potuto annunciare ad Anila che ce l'avevamo fatta: avevamo trovato la sua mamma. Avrei chiamato Palermo, mi sarei fatto passare il reparto ustionati e le avrei chiesto scusa: «Mi sbagliavo, piccola Anila. Avevi ragione tu. L'Europa non è poi così grande... Almeno, non per una ragazzina coraggiosa come te».

Carla continuava a ringraziarmi e a piangere. Poi mi passò di nuovo Monique. Anche lei era emozionatissima, faceva fatica a parlare. Mi ringraziò mille volte, ed era buffo perché io continuavo a ringraziare lei. Mi feci dare il numero di Carla e promisi che, di lì a pochi minuti, l'avrei messa in contatto con Anila. Ci salutammo e immediatamente chiamai all'ospedale di Palermo Vincenzo Barone. Mentre il telefono squillava, mi resi conto che avevo gli occhi umidi.

Ciò che accadde dopo, me lo raccontò Monique la sera stessa. Il direttore amministrativo corse nella stanza di Anila, con il cuore in gola. Spiegò alla bambina quello che era successo e chiamò il numero che gli avevo dato. Di lì a qualche istante mamma e figlia, dopo otto anni di silenzio e lontananza, stavano finalmente parlando.

A quanto pare piansero tutti, quel giorno. Anila e Carla, le suore che erano nella stanza con la bambina e, dall'altra parte, Monique.

Ad ascoltare il resoconto di quell'enorme felicità, mi sentii improvvisamente più leggero. In fondo, era stato anche merito mio. Di colpo, la sensazione di impotenza era svanita, dissolta, e ogni cosa mi sembrava più chiara. In realtà, non avevo la minima idea di quanto sarebbe successo qualche giorno dopo. Ascoltavo la voce dolce di Monique mentre mi raccontava di come mamma e figlia avessero passato quasi un'ora a piangere insieme al telefono ed ero convinto che quello fosse lo splendido, inatteso, lieto fine della loro storia. E invece mi illudevo. Era solo l'inizio di un'altra odissea, più paradossale, meno violenta, ma certo non meno dolorosa.

Lo capii il giorno successivo. Mi alzai di buon'ora per andare all'aeroporto. Dovevo prendere il primo aereo per Palermo e poi da lì recarmi a Roma per avviare le pratiche per il ricongiungimento di Anila e Carla. Ne avevamo parlato a lungo la sera precedente con Monique, la cosa migliore era far muovere le autorità italiane. Al ministero dell'Interno ho un buon amico – le avevo spiegato –, mi sarei rivolto a lui e, in quattro e quattr'otto, avremmo risolto ogni questione.

Ricordo ancora la felicità che provavo mentre l'aereo stava per atterrare a Fiumicino. Mi sentivo sereno, avevo l'impressione che ogni cosa fosse andata al suo posto. La luce del Mediterraneo entrava di taglio dagli oblò e la grande distesa azzurra del mare, che piano piano si apriva davanti ai miei occhi durante l'ultima virata, una volta tanto non aveva nulla di minaccioso. Allacciai la cintura di sicurezza e respirai profondamente. Se le cose fossero andate come immaginavo, la sera stessa sarei tornato a Palermo e avrei detto ad Anila di preparare la valigia. Ma mi illudevo.

Quando spiegai la situazione al mio amico del Viminale, capii che ero stato un ingenuo. Lui rimase qualche secondo in silenzio, poi mi guardò come noi dottori guardiamo i pazienti pochi istanti prima di comunicare loro una pessima diagnosi: «Pietro, guarda che sarà tutto molto difficile. Si possono avere i ricongiungimenti, ma bisogna vedere come sta messa la mamma in Francia. Ci sono mille variabili. Bisogna capire se è immigrata regolarmente, se ha i documenti a posto. Bisogna essere sicuri. Altrimenti, se non è in regola, nell'esatto momento in cui interveniamo facciamo un danno: se quella donna è in territorio francese in maniera irregolare e noi la segnaliamo... be'... è come se la denunciassimo alle autorità, che a quel punto devono intervenire. Insomma, rischiamo di farla espellere».

Sarebbe stato un disastro.

«Se vuoi un consiglio,» continuò «questa vicenda va risolta a livello diplomatico. Rivolgiti informalmente all'ambasciatore francese a Roma. Si chiama Catherine Colonna ed è una persona ragionevole, una donna molto sensibile. Vedrai che lei ti saprà indicare la strada migliore.»

Salutai il mio amico facendomi promettere che, con l'arrivo della bella stagione, sarebbe venuto a trovarmi a Lampedusa per qualche giorno. Quando uscii dal Viminale mi accorsi che tutto il buonumore, la serenità della mattina erano scemati, lasciando dentro di me come un buco. Dal quadro che mi era stato dipinto, era chiaro che la situazione era molto più complicata del previsto. Senza perdere tempo, presi un taxi e mi diressi verso l'ambasciata di Francia. Lungo la strada dovevo fare due telefonate. La prima a Monique. Mi serviva sapere esattamente lo status di Carla. E la risposta fu la peggiore possibile. Era irregolare e inoltre, per motivi che Monique mi avrebbe spiegato con più calma, non aveva nemmeno fatto la richiesta per ricevere l'asilo politico. La seconda telefonata era a un altro mio amico, che mi aiutò a farmi ricevere dall'ambasciatore. Nel frattempo, da Palermo mi erano arrivate sulla chat alcune fotografie di Anila: Vincenzo e la moglie erano andati a comprarle un po' di vestiti nuovi e lei se li era voluti provare tutti.

Catherine Colonna fu molto gentile. Non ebbe bisogno di molte spiegazioni. Le mostrai le foto di Anila e lei mi rassicurò: ci avrebbe dato una mano. Però non negò che la situazione era davvero molto complessa. «Se quella donna è in Francia irregolarmente, il rischio di fare danni è molto alto. Dobbiamo muoverci con cautela. Ci vorrà un po' di tempo» disse, confermando quanto mi avevano appena illustrato al Viminale.

Due ore dopo ero di nuovo su un aereo, con la cintura di sicurezza allacciata e gli occhi chiusi. Ma questa volta l'umore era decisamente diverso. Sarei andato a Palermo, avrei incontrato Anila, ma invece di dirle: «Fai la valigia che andiamo dalla mamma», le avrei dovuto spiegare per quale motivo, pur avendola trovata, non avrebbe potuto incontrarla. «Ci vorrà un po' di tempo» aveva precisato l'ambasciatore francese. Ma nessuno poteva sapere se quel «po' di tempo» erano giorni o settimane.

Entrai in ospedale che era quasi sera. Andai dritto al reparto ustionati e la trovai lì, che fissava il soffitto, assorta in chissà quale pensiero. Quando mi vide, saltò giù dal letto e mi corse incontro con un sorriso largo così. Mi abbracciò talmente forte che quasi mi fece male: da pochi minuti aveva finito la sua seconda telefonata con la mamma ed era felicissima. Io provai a spiegarle ciò che era successo a Roma, ma mi resi conto che Anila non aveva capito esattamente quello che volevo dirle.

«Mamma?...» mi chiese alla fine con uno sguardo più eloquente di qualsiasi domanda.

«Non preoccuparti piccola, l'abbiamo trovata e adesso tornerai da lei. Abbi solo un po' di pazienza.»

VIII

Marsiglia

Di pazienza, Anila avrebbe dovuta averne moltissima. Dopo quella sera, fu come se tutti noi fossimo stati inghiottiti da un buco nero, di quelli che si vedono nei film di fantascienza, in cui lo spazio e il tempo si confondono e diventano una cosa sola, non misurabile. Era il buco nero della burocrazia. I giorni cominciarono a passare velocissimi, mischiandosi e trasformandosi in settimane, senza che nulla accadesse. Nessuno ci diceva niente, nessuno aveva risposte da dare. L'unica certezza era che Anila non poteva vedere la sua mamma.

Aveva attraversato il Sahara e il Mediterraneo, era sopravvissuta a un naufragio e al carcere in Libia e ora era lì, ferma immobile, prigioniera di un'attesa insensata.

Anila era stata dimessa dall'ospedale due giorni dopo il mio ritorno da Roma. E adesso era ospitata in una casa-famiglia palermitana, un posto pulito e ordinato gestito da due suore: suor Teresa e suor Letizia. Pensavano a tutto loro. Avevano accolto quella bambina come una figlia, con una premura e un affetto fuori dal comune. Sentimenti che lei ricambiava con sorrisi enormi, pieni di gratitudine.

Io e lei ci sentivamo quotidianamente al telefono. Appena avevo cinque minuti liberi, la chiamavo per essere sicuro che fosse tranquilla, che non avesse preoccupazioni. Ne aveva avute abbastanza. E lei faceva altrettanto: appena poteva, mi chiamava.

Da quando era sbarcata, mi aveva scelto come figura di riferimento, mi considerava l'unica persona in grado di riportarla dalla mamma. Sapeva che di me si poteva fidare. E aveva ragione: non mi sarei dato pace fino a quando non l'avessi saputa tra le braccia di Carla.

Così avviai tutte le pratiche che dovevo avviare, e forse utilizzai in maniera anche fin troppo disinvolta alcune amicizie personali. Insieme ai servizi sociali ci rivolgemmo subito al tribunale dei minori affinché, come previsto dalla legge, avviasse la procedura per affidarla a un tutore legale che, al momento opportuno, avrebbe provveduto a chiedere il ricongiungimento con la mamma.

Il tribunale decise di affidare quel ruolo all'assessore alla Famiglia del comune di Palermo, il quale capì perfettamente la situazione e si offrì di attivarsi in ogni modo per accelerare la pratica. Ma non c'era niente che si potesse fare. Niente di concreto, intendo. Non a Palermo, almeno. Perché il vero nodo della questione era in Francia. Tra Marsiglia e Parigi, come in quei giorni mi spiegò Monique.

La situazione di Carla era davvero complicata. La sua storia personale le lasciava ben poche speranze.

Monique è un'assistente sociale che lavora per un'associazione, in parte finanziata dallo Stato francese, che si occupa di prostituzione e, più in generale, di soggetti deboli. Mi sono trovato da subito a mio agio con lei, perché per certi aspetti mi somiglia molto. Detesta le chiacchiere e ama darsi da fare, proprio come me. Inoltre ha una capacità non comune di creare empatia con il prossimo, le basta un rapido sorriso per conquistare la fiducia di chiunque. Figlia di italiani immigrati in Francia, parla perfettamente cinque lingue; oltre al francese e l'italiano, può conversare senza problemi in spagnolo, portoghese e inglese. Per queste sue caratteristiche, i grandi capi dell'associazione l'hanno sempre impiegata nel ruolo più complicato. Quello operativo, sul campo. Il suo compito, in sostanza, è andare in giro per i peggiori quartieri della città, nelle vie della prostituzione, e cercare di dare una mano a chi vuole farsela dare.

Non è semplice, perché il più delle volte le donne vittime della prostituzione sono spaventate e minacciate, e non vogliono in alcun modo farsi avvicinare. Le aggressioni agli assistenti sociali sono tutt'altro che rare. Per evitare guai con i loro sfruttatori, queste ragazze sono disposte a tutto, anche a scagliarsi contro chi vuole solo aiutarle. È disperazione o, meglio, una forma sofisticata di panico, qualcosa di molto simile al comportamento isterico di chi sta affogando, si sbraccia e colpisce il soccorritore poco prima di annegare.

A causa di questo tipo di reazioni violente, Monique è costretta a lavorare in squadra con altre tre persone, tre uomini che hanno il compito di intervenire quando la vicenda volge al peggio. Parlandone con me al telefono, lei si è sempre sforzata di non darlo troppo a vedere, mettendo in risalto altri aspetti, ma è indubbio che il suo sia un lavoro pericoloso.

Monique aveva conosciuto Carla tre anni prima della nostra telefonata. L'aveva notata una notte, mentre stava facendo il solito giro in auto nella periferia di Marsiglia. Faceva freddo. Le ragazze, radunate qua e là per i viali in piccoli sparuti crocchi, con il fiato che rapidamente si trasformava in nuvole di vapore, si scaldavano come potevano. Lei, seduta davanti accanto al guidatore, le guardava da lontano cercando di cogliere nei movimenti, nei gesti, un dettaglio, anche minimo, che potesse tradire un filo di incertezza, di paura, qualcosa che potesse offrirle un pretesto per avvicinarsi. Per farsi sotto e tendere una mano. Ma niente, sembrava una serata come molte altre, a parte il grande freddo, e quelle giovani donne intente nel loro lavoro la ignoravano. Fino a quando la sua attenzione non fu attratta dal profilo di una di loro.

La donna era seduta su un muretto e teneva la testa fra le mani, in un atteggiamento che raccontava fallimenti definitivi, dolori insopportabili. Monique fece cenno al collega che guidava di avvicinarsi un poco a quell'ombra rannicchiata, perché voleva vedere meglio. Anche così, ripiegata su stessa, la donna dava l'impressione di avere spalle larghe e un fisico statuario.

C'era però anche qualcos'altro che colpì Monique. Quella donna sembrava diversa dalle altre. Di cosa si trattasse, Monique lo capì subito dopo, quando la macchina si avvicinò ancora un poco. Allora si accorse che era una questione di età. La donna aveva una trentina d'anni, forse qualcuno di più. Di solito le prostitute di strada, in una città come Marsiglia, sono molto giovani. Minorenni, o quasi. Raramente superano i 25 anni.

Monique rimase lì a osservarla in silenzio per qualche minuto. Nonostante il fisico da velocista, non comunicava affatto né forza né energia. Era stanca e afflitta, e non riusciva a nasconderlo. La coda notturna dei clienti le passava davanti ignorandola, come fosse un pezzo di arredo urbano, una fioriera, un dissuasore del traffico, una transenna, una statua. Lei non se ne curava. E forse, col buio non avrebbe potuto garantirlo, stava parlando da sola.

Monique, allora, chiese al guidatore di accendere il motore e di proseguire nel giro abituale per le vie della zona. Avrebbe provato ad aiutarla, l'aveva deciso, ma prima doveva assicurarsi di non essersi sbagliata, doveva studiare bene la situazione.

Nel suo lavoro la prima regola è: «Non forzare mai la situazione». Aiutare qualcuno che non voglia essere aiutato è un errore. Quindi, prima di intervenire, di approcciare «il soggetto», occorre essere ragionevolmente certi che voglia essere aiutato. Altrimenti si fa un danno a tutti.

Monique e la sua squadra tornarono in quella zona altre volte, la notte stessa e poi le successive. Monique osservava la donna con attenzione. La cosa più sorprendente era che lavorava sempre, non si riposava mai. Per questo era allo stremo, non avrebbe retto a lungo quei ritmi.

No, Monique non si era sbagliata la sera che l'aveva vista per la prima volta. La postura del suo corpo, le spalle curve, la testa fra le mani, erano un'implicita, disperata, richiesta di aiuto.

Il primo contatto fu comunque molto prudente. L'assistente sociale si avvicinò alla prostituta, proprio come prevede il manuale, e la salutò cordialmente, sfoggiando il più rassicurante sorriso del mondo. Carla dapprima era diffidente, ricambiò il saluto, ma il sorriso no. E però Monique riuscì a cogliere ugualmente nei suoi occhi una scintilla di attenzione. Bisognava solo alimentarla, pensò. Senza forzare la mano, senza spaventarla, senza dare nell'occhio: se i protettori si fossero accorti del suo tentativo, l'avrebbero spostata di zona, o affiancata a una collega indiscreta e un po' «spiona», o peggio.

Passò di lì altre sere, il saluto fugace si trasformò in frasi di circostanza, poi in brandelli di conversazione, infine Monique con garbo si presentò. Carla non fu sorpresa, aveva già capito tutto da tempo. Adesso, per entrambe, si trattava solo di costruire la fiducia.

Secondo quanto mi raccontò Monique, è la fase più difficile. Perché queste persone hanno visto troppo orrore, hanno subìto troppe ferite per potersi fidare di qualcuno. E se sono ancora disposte a farlo, è solo come conseguenza di un rapporto vero. Costruire un'amicizia, era ciò che Monique si apprestava a fare.

«L'obiettivo finale – quello di togliere queste donne dalla strada – non può mai essere troppo esplicito» si era raccomandato sin dal primo giorno il suo capo, all'associazione. Perché i rischi di una scelta del genere sono enormi, gli sfruttatori prima di essere sfruttatori sono degli assassini, e tutte le ragazze lo devono sapere, e devono convivere ogni istante della loro vita in Europa con la certezza matematica che, al primo sgarro, c'è la morte. Loro, o dei loro figli. E a nessuno si può imporre di correre un rischio del genere. «Non possiamo scegliere per loro» mi spiegò Monique.

«Non abbiamo questo diritto. Ed è giusto così. Tutto ciò che possiamo, anzi, dobbiamo fare è mettere quelle donne nelle condizioni di poter scegliere; provare a sostenerle, creare le situazioni per cui non siano costrette a prostituirsi per sopravvivere, e poi aspettare che decidano da sole.»

Il percorso con Carla era stato lento e difficile.

La prima cosa che fece Monique fu ascoltare. Senza porre troppe domande. Carla le raccontò che condivideva un appartamento minuscolo con altre tre ragazze. Era una specie di open space diviso in stanze delimitate con dei teli. Per quell'alloggio pagava 450 euro al mese. A Marsiglia la pigione per una sistemazione del genere era in genere più bassa. Con 300 euro al mese te la potevi cavare. Però, Carla non era sola. Aveva con sé un bambino di 3 anni, Benedict. E per questo doveva pagare all'organizzazione che le aveva fornito la casa un sovrappiù di 150 euro.

Benedict era l'amore della sua vita, ma anche la sua ossessione. Aveva avuto quel figlio da un uomo che aveva conosciuto lungo l'interminabile viaggio dal Niger all'Europa. Ma appena sbarcati in Spagna, le autorità avevano rispedito indietro il suo compagno. Lei, incinta, era invece stata «accolta». Accolta, si fa per dire.

Carla amava Benedict più di ogni altra cosa al mondo. Viveva per lui. Raccontò a Monique che non era il suo unico figlio, ne aveva altri tre in Niger. Due maschietti, che erano ormai dei ragazzi, e una bambina che quando se n'era andata aveva tre anni, Anila. Li aveva lasciati laggiù e le mancavano da morire, anche perché li sentiva molto raramente. Non le restava che Benedict, e per lui, per il suo futuro, avrebbe fatto tutto ciò che poteva. Per questo lavorava per strada ventiquattr'ore al giorno. I soldi che guadagnava le servivano per pagare l'appartamento, mantenere il figlio, le babysitter – lei le chiamava così, in realtà erano le altre ragazze che si davano i turni per controllare che al bimbo non succedesse niente – e naturalmente le rate del «debito» contratto con l'organizzazione che le aveva organizzato il viaggio verso l'Europa. Il resto lo spediva alla famiglia, con la Western Union.

La vita di Carla era questo. Un inferno.

Ma la notte in cui Monique la vide per la prima volta, sul muretto con la testa fra le mani, ad agitarla era qualcos'altro. Il piccolo Benedict, un bambino sveglissimo, stava crescendo, e giorno dopo giorno era sempre più consapevole di quello che vedeva intorno. E Carla non voleva che capisse, non voleva che si rendesse conto delle condizioni in cui le sue scelte lo avevano costretto a crescere. Non era questa l'infanzia che aveva sognato per suo figlio. Doveva cambiare. Voleva cambiare.

Solo che c'era il debito, e c'erano quegli uomini che la minacciavano.

Monique aveva visto bene. Carla non aspettava altro che una mano da stringere, una spalla su cui piangere, una persona che la aiutasse.

Dopo qualche settimana di conoscenza, Monique propose a Carla di trasferirsi in un appartamento tutto suo, messo a disposizione dall'associazione. Non era niente di che, ma almeno avrebbe vissuto da sola con suo figlio. Poi, piano piano, la convinse a provare a chiedere asilo politico. Carla da principio non voleva, aveva già fatto un tentativo in Spagna, ma gliel'avevano rifiutato.

L'inizio della procedura di richiesta di asilo le aveva permesso di utilizzare il servizio sanitario minimo e, soprattutto, di iscrivere Benedict all'asilo. Questo passaggio, in particolare, fu la chiave di volta della relazione tra le due donne. Per la prima volta, Carla capì che non era da sola. Vide qualcuno, disinteressato, che provava ad aiutarla, e fu come rinascere. Di lasciare la strada, però, non aveva la minima intenzione (né del resto Monique glielo chiese mai). Aveva troppa paura. Per se stessa. E per suo figlio. Già una volta aveva visto di cosa era capace quella gente, non voleva vederlo di nuovo.

IX

La strega

Tutta questa storia non è cominciata la sera che Anila arrivò a Lampedusa a bordo della motovedetta, ma molto, molto tempo prima. In un villaggio dell'Edo, probabilmente il meno povero tra gli Stati della Federazione nigeriana, vicino alle risorse petrolifere del Paese e alla zona industriale.

Carla era nata lì, in un villaggio a pochi chilometri da Benin City, la capitale. La sua famiglia era povera e sin da giovanissima, come capita a quasi tutte le ragazze in Nigeria, dovette trovarsi un lavoro per contribuire alle spese di casa. Così, dopo un breve apprendistato, venne assunta in un negozio di alimentari. Comprava frutta, verdura e prodotti essiccati dai produttori della zona e li rivendeva ai clienti. Era anche brava, a quanto pare. Raggiunta l'età adulta – più o meno quella che da noi è considerata il cuore dell'adolescenza – conobbe un uomo bellissimo, alto e forte, ma soprattutto buono. E un gran lavoratore, cosa assai rara in una comunità in cui i maschi sono caratterizzati da una sorta di pigrizia atavica e fanno lavorare le donne.

Quell'uomo, però, era diverso. Carla se ne innamorò subito, e dopo qualche mese decisero di sposarsi. La loro vita procedeva felice e ordinata, e, come è assolutamente normale in un Paese con un tasso di fertilità medio di cinque-sei figli per donna, nel giro di qualche anno misero su una splendida famiglia. Erano nati due maschi e una bambina, Anila.

Carla e il marito erano felici e progettavano il loro futuro: avrebbero avuto altri figli e, se le cose fossero andate nel verso giusto, con un po' di fortuna sarebbero anche riusciti ad aprire un piccolo negozio in proprio dove, un giorno, avrebbero potuto lavorare tutti quanti.

Però il destino aveva in serbo per loro una svolta tragica. Perché, un paio di anni dopo la nascita di Anila, suo padre si ammalò gravemente. Né i medici «veri», quelli laureati in medicina, che vivono e lavorano a Benin City, né quelli «tradizionali», gli stregoni, trovarono una cura efficace. E in pochi mesi il poveretto morì.

Quel lutto segnò per sempre la vita di Carla e dei suoi figli. Non tanto per la perdita in sé – l'aspettativa di vita in Nigeria è molto bassa e, per quanto triste, dolorosa, la morte prematura di un maschio adulto è nell'ordine delle cose – ma per la catena di eventi che ne derivarono. Istigata dai dottori tradizionali, la famiglia d'origine del marito di Carla cominciò a incolparla di essere la responsabile di quella tragedia. Le prime velate allusioni diventarono accuse dirette ed esplicite. E presto la donna venne tacciata di essere una strega. Come succedeva nel Medioevo qui da noi.

Per capire bene quanto è successo nei mesi successivi, occorre sapere che in Nigeria la popolazione è ufficialmente di confessione cattolica o musulmana. Ma, in realtà, più radicata è la cultura tradizionale, che si esprime nel culto del vudù. Il vudù non è solo una religione, ma un intreccio tra credenze tribali, interessi economici, politici e criminali. La mafia nigeriana è potentissima. E uno degli strumenti più efficaci per il controllo delle persone e del territorio è proprio il vudù. Attraverso i rituali magici e la capacità suggestiva dei suoi simboli, i re e i sacerdoti che costituiscono il clero di questa religione antichissima riescono a governare intere popolazioni. E dove non arrivano i rituali, arrivano i crimini commessi dalla mafia, spesso proprio in esecuzione delle decisioni prese dai sacerdoti. Così mafia e religione si sostengono e si conferiscono autorevolezza a vicenda.

I sacerdoti decisero che quella gente aveva ragione: Carla era una strega. E come una strega avrebbe dovuto bruciare sul rogo. Ora la sua vita era in pericolo, e anche quella dei suoi figli. Il braccio del vudù li avrebbe uccisi.

Carla avvertiva sempre maggiore la pressione dell'ira divina su di lei e sui suoi figli. Le minacce, all'inizio solo verbali, si erano fatte anche fisiche. E non c'era nessuno a proteggerli. Era stato innescato una specie di conto alla rovescia: al termine della conta, sarebbero morti tutti. E a mano a mano che ci si avvicinava alla fine, i segni erano sempre più eloquenti, terrificanti. Un gallo sgozzato dentro al letto, le pareti di casa tinte di rosso, pugnali conficcati nella porta. Un ballo di morte, consumato giorno dopo giorno intorno alla vita della sua famiglia.

Com'è ovvio, non era certo la mano del divino, ma la pressione che la mafia locale aveva cominciato a esercitare su quella donna nel fiore degli anni, sola, indifesa e debolissima, perché si affidasse alle cure di qualche «madame», si arrendesse e partisse verso l'Europa. Era un piano. Un piano preciso e feroce, eseguito alla perfezione. Alla fine, Carla non aveva altra scelta: o fuggiva o moriva.

Lei scelse di fuggire. Preparò tutto con cura. Si rivolse a un'«amica» che la mise in contatto con certa gente che l'avrebbe presentata a una madame, che l'avrebbe adottata e protetta – sia spiritualmente sia fisicamente – durante il suo lungo viaggio. Lei doveva solo impegnarsi a pagare trentamila euro una volta giunta in Europa, e rispettare con dovizia e precisione tutto ciò che di volta in volta i collaboratori della madame le avessero ordinato di fare.

Carla non aveva la minima idea di quanto valessero trentamila euro, non sapeva nemmeno cosa fosse esattamente l'euro. Figurarsi se poteva immaginare quanto tempo le sarebbe servito a ripagare il debito, lavorando come babysitter o collaboratrice domestica (così le avevano fatto credere).

Per rendere ancora più solido il patto, la madame portò Carla dal sacerdote locale. Partecipò a un lungo rito, il cui significato era chiaro a tutti: se avesse disobbedito, se non avesse rispettato i patti, la vendetta degli spiriti sarebbe stata inesorabile. E si sarebbe abbattuta su di lei e sui suoi figli. Il vudù ha braccia lunghe, che all'occorrenza possono arrivare ovunque.

Arrivò il giorno della partenza. Quella mattina, all'alba, svegliò i suoi quattro piccoli, li vestì, spiegò loro che avrebbero fatto un lungo viaggio per raggiungere un posto nuovo e bellissimo, e poi seguì le istruzioni della madame. Andò nel piazzale del villaggio a prendere l'autobus per Benin City. Durante il viaggio, Carla si dilungò a descrivere ai suoi figli lo splendore del luogo dove si stavano recando: l'Europa. Raccontò di città ricchissime, piene di automobili e negozi scintillanti, dove era possibile andare a scuola e giocare in strada senza aver paura dei paramilitari o degli uomini di Boko Haram. Così, almeno, aveva sentito dai racconti di alcune amiche.

Arrivati a Benin City, furono fatti scendere in un piazzale dove c'era tantissima gente in attesa; tutti avevano con sé uno o due bagagli, borsoni gonfi di abiti e oggetti, qualcuno persino la bicicletta. L'attesa fu lunghissima. Alla fine arrivò un pick-up sul quale un uomo, dai modi brutali, fece salire una ventina di persone. A Carla sembrava impossibile che quella folla potesse stringersi tanto da riuscire a entrare nel cassone. Ma intorno la spingevano, urlavano, le mettevano fretta. Non c'era tempo nemmeno per l'incredulità. Aiutò i suoi bambini a salire e cercò di sistemarli nel modo migliore possibile, non troppo esterni ma nemmeno nel mezzo del cassone, dove rischiavano di essere schiacciati da quella massa di persone.

A Carla quasi mancava il fiato. Ora nessuno parlava. Il motore era spento. Il silenzio durò qualche secondo, poi l'uomo che li aveva spinti sopra il pick-up prese la parola e spiegò le «regole del viaggio», che erano sostanzialmente una sola: stare fermi immobili fino all'arrivo. Il pick-up – spiegò – avrebbe attraversato da sud a nord l'intero Paese, sarebbe passato per la capitale della Nigeria e avrebbe varcato il confine con il Niger, prima di lanciarsi verso il deserto. Oltre alla sosta per il rifornimento – durante la quale non si poteva scendere – si sarebbe fermato due sole volte.

La prima parte del viaggio durò una ventina di ore, che a Carla parvero infinite. Ma quando vide aprirsi davanti ai loro occhi il panorama splendido e terribile del deserto, capì che il vero viaggio doveva ancora cominciare.

Prima di abbandonare l'ultimo lembo di zona abitata, il pick-up si fermò per un istante. Scese il solito uomo e, urlando forte affinché tutti sentissero bene, disse che da quel momento in avanti c'era una nuova regola: la strada si sarebbe piano piano fatta sempre più impervia, ma se qualcuno fosse caduto dal cassone loro non si sarebbero fermati a raccoglierlo, era troppo pericoloso.

Quella zona è infestata di soldati e predoni, figure che spesso coincidono. Sono come un branco di piranha, sanno perfettamente che ogni giorno migliaia di disperati passano di lì, portando con sé tutti i loro averi. E appena li vedono arrivare in lontananza si avventano su di loro. I saccheggi sono spesso molto cruenti, le donne vengono regolarmente violentate, i maschi meno «collaborativi» picchiati e uccisi, e i cadaveri vengono abbandonati sulla sabbia del deserto, come un monito per gli altri migranti.

Durante la traversata Carla e i suoi bambini videro decine di cadaveri, alcuni ancora sanguinanti, altri già ridotti a scheletro, scorrere ai lati del pick-up. Lei non sapeva come spiegare tale orrore ai figli che le chiedevano insistentemente chi fossero quelle persone; all'inizio provò a inventarsi qualche storia, del genere piene di zombie e spiriti che popolano l'immaginario della cultura africana, poi di fronte alle domande sempre più incalzanti e precise dei più grandi si arrese e fu costretta a dire la verità: era gente come loro. E loro rischiavano di fare la stessa fine.

Dopo molti giorni di viaggio, il pick-up arrivò ad Agades, nel Niger. Lì era prevista una sosta più lunga e il cambio del mezzo di trasporto. Da quel punto in poi il Sahara diventa un enorme oceano di sabbia, per attraversarlo ci possono volere anche delle settimane. I bambini erano allo stremo, e Carla era spossata. Avevano mangiato poco, non avevano bevuto quasi nulla. E Anila aveva la febbre. Quel piccolo tratto di deserto appena concluso aveva fatto capire alla giovane donna che non potevano farcela.

Decise così di rinunciare, per il momento. Si sarebbero fermati per un po' ad Agades, lei avrebbe cercato un lavoro e aspettato che i figli crescessero e fossero in grado di affrontare l'inferno che li aspettava.

Il progetto fu però un fallimento su tutta la linea. Presto ne fu cosciente anche Carla. Ad Agades non c'è lavoro, a dire il vero non c'è nemmeno un'economia vera e propria. La città è praticamente un terminal attraverso il quale passano tutti i flussi migratori del mondo, la principale stazione della via crucis di milioni di poveri cristi.

Nel giro di pochi mesi, erano ridotti alla fame. La povera donna non sapeva più che cosa fare, tornare indietro era impensabile, perché il viaggio sarebbe stato devastante e ad attenderli, in Nigeria, c'era la maledizione della famiglia del suo defunto marito, l'accusa di essere una strega, ovvero la morte sicura.

Continuare verso l'Europa in simili condizioni era altrettanto impensabile. Non aveva soldi per procurarsi acqua e viveri, coperte e protezione, e i suoi figli avrebbero rischiato di morire di stenti durante la traversata del deserto.

Ma anche restare lì ad Agades ad aspettare che loro crescessero era una scelta impossibile. Così, una mattina di primavera, molti mesi dopo l'arrivo in Niger, si arrese definitivamente e decise di rimettersi in viaggio, come le aveva consigliato una giovane donna che parlava il suo stesso dialetto nigeriano, il beni. Questa volta, però, da sola. Sì, avrebbe lasciato i suoi figli a una coppia di persone anziane, molto gentili e affettuose, le uniche che l'avevano aiutata negli ultimi tempi, e sarebbe partita.

Ci mise molto tempo a convincersi che stava facendo la cosa giusta. Per una mamma, lasciare i figli e partire per un viaggio dall'esito a dir poco incerto è peggio che morire. Ma in quel momento a Carla parve non ci fosse altra possibilità. Doveva raggiungere l'Europa a qualunque costo, lì avrebbe lavorato giorno e notte come badante o come collaboratrice domestica nella casa di qualche ricco – glielo avevano garantito prima di partire –, e i soldi guadagnati li avrebbe inviati in Niger, ai due anziani signori, che avrebbero cresciuto i suoi figli forti e sani. Poi un giorno, quando fossero diventati abbastanza grandi, si sarebbero riuniti in qualche città europea, magari in Francia.

Così rincuorata, una mattina salutò i suoi bambini. Li strinse forte a sé, li baciò e partì, con il cuore in frantumi e il volto rigato dalle lacrime.

La seconda metà del viaggio, da Agades a Gibilterra, fu molto peggiore di quanto Carla avesse immaginato. Ogni giorno ringraziava il cielo di due cose: di essere sopravvissuta e di aver scelto di lasciare in Niger i suoi figli. Non ce l'avrebbero mai fatta, e se anche ce l'avessero fatta avrebbero visto e sentito cose terribili. Ogni giorno gli uomini che trasportavano lei e gli altri disperati sui pick-up attraverso le piste del deserto, di villaggio in villaggio, di accampamento in accampamento, si mostravano sempre più spietati. La giovane donna venne sottoposta a ogni tipo di umiliazione, morale e fisica. La deprivazione dei bisogni essenziali era la normalità. Senza contare che spesso i trasferimenti con i pick-up saltavano all'ultimo momento e tutta quella gente veniva costretta a lunghissime ed estenuanti traversate a piedi, durante le quali il gruppo perdeva e abbandonava al proprio destino chiunque non riuscisse a tenere il passo, i più deboli, chi si ammalava, chi impazziva.

Fu durante questo inferno che Carla conobbe un uomo diverso dagli altri. Non si lamentava mai, e riusciva a rimanere gentile anche in quelle condizioni. Nacque tra loro un amore bellissimo e disperato. Ancora oggi Carla è convinta che, se è riuscita a sopravvivere a quel viaggio, lo deve alle telefonate che di tanto in tanto riusciva a fare alla sua famiglia e a quell'uomo che l'ha sostenuta e aiutata in ogni momento.

Erano ormai quasi arrivati a Gibilterra, quando Carla scoprì di essere nuovamente incinta. E fu il giorno più bello da parecchio tempo a quella parte. Avrebbe avuto un figlio dall'uomo che amava e lo avrebbe cresciuto in Europa, insieme ai fratelli, che li avrebbero raggiunti nel giro di qualche anno. Per realizzare il suo sogno avrebbe lavorato giorno e notte ma, alla fine, tutti sarebbero stati felici. Questo era scritto nel loro destino.

Così pensava a bordo della nave su cui stava attraversando lo stretto. Alle sue spalle, l'Africa. Davanti a sé, il futuro. Fu proprio in quel momento che scelse il nome del bambino che portava in grembo: Benedict.

Ma si sbagliava, e lo capì ben presto. Ad attenderli sul molo non trovò nessuna città luccicante di negozi e ristoranti, e nessun lavoro da badante. Solo la guardia costiera spagnola, che dopo qualche ora aveva già deciso che il suo inferno doveva continuare. La coppia venne divisa immediatamente. Carla, incinta, poteva restare sul suolo spagnolo. L'uomo, irregolare, fu rimpatriato.

X
Le strade di Alicante

Più che il governo spagnolo, che se ne lavò le mani pochi secondi dopo il suo sbarco a Gibilterra, a prendere davvero in consegna Carla, ormai agli ultimi giorni di gravidanza, fu direttamente la madame, e cioè il punto terminale dell'organizzazione.

Ogni cosa, sin dal giorno della morte del marito, era andata come era stato previsto. La fuga di Carla dal villaggio in Nigeria per paura del vudù, l'abbandono dei figli in Niger, la traversata nel deserto, lo sbarco a Gibilterra, la telefonata alla madame. Tutti avevano fatto esattamente ciò che dovevano. E adesso quella giovane donna, bella, in forze, disperata, era pronta per essere «immessa sul mercato». Come un prodotto qualsiasi, un telefonino, un dentifricio, un'auto.

Per lei furono scelte le strade di Alicante. Non appena partorito, avrebbe lavorato lì, giorno e notte. C'era solo un piccolo dettaglio ancora da mettere a punto: spiegarlo a Carla. Lei non aveva la minima idea di ciò che davvero l'aspettava. Era convinta che la donna che adesso la stava aiutando a sistemarsi nella nuova realtà, che l'aveva fatta trasferire da Gibilterra ad Alicante e le aveva trovato una casa dove vivere insieme ad altre ragazze giunte come lei dalla Nigeria, le avrebbe procurato anche un lavoro da babysitter o da collaboratrice domestica, come le era stato promesso prima di partire.

Nel luglio 2011, a pochi giorni dallo sbarco, nacque Benedict. Un bambino bellissimo, sano come un pesce. Carla affrontò travaglio e parto completamente da sola.

Quello che seguì fu un periodo molto difficile, pieno di inquietudini. Si prendeva cura del figlio e nel frattempo osservava le sue inquiline, che lavoravano notte e giorno e non parlavano mai. Avrebbe voluto fare domande, chiedere cosa stava succedendo, ma loro non dicevano una parola, vivevano come fantasmi, al massimo la guardavano commiserandola, e sempre con distacco.

Adesso tutti i suoi affetti erano altrove. Il suo uomo, il padre di Benedict, era stato rimpatriato in Nigeria, e si disperava ogni giorno. Non aveva visto nascere suo figlio e per questo non si dava pace. Si sentivano appena potevano. Anche con gli altri suoi figli, che vivevano in Niger con la coppia di anziani, i contatti erano costanti ma poco frequenti. Allora Carla si concentrò su Benedict, al quale dedicò tutto l'amore che aveva, e che non poteva dare ad altri.

Poi un giorno successe qualcosa. La madame chiese di parlarle con un po' di calma, ormai era arrivato il tempo: non erano passate che poche settimane dal parto e il suo congedo per maternità era finito.

Si incontrarono in un bar. Carla aveva portato con sé il bambino, dal quale non si separava mai, e che ora dormiva tranquillo dentro una fascia legata al ventre della mamma. La madame, una donna non più giovanissima, era anche lei nigeriana e parlava lo stesso dialetto di Carla. Ma non sembrava per niente amichevole.

Senza troppi convenevoli andò subito al punto. Spiegò che il governo spagnolo era stato così «gentile» da non rimpatriarla all'istante solo perché era incinta. Ma adesso che il bimbo era nato, le cose erano cambiate. E quel governo così gentile si sarebbe trasformato in una persecuzione continua. Carla era irregolare, non aveva i documenti, non aveva un lavoro, non conosceva la lingua locale. Sarebbero arrivati gli assistenti sociali e le avrebbero portato via Benedict, senza nemmeno lasciarle il tempo di capire che cosa stava succedendo.

Poi c'era il debito da pagare, trentamila euro. Lo aveva promesso davanti al «dottore», in Nigeria, prima di partire. E se non avesse provveduto, il vudù avrebbe potuto colpire uno qualunque dei suoi figli. Insomma, concluse la donna, Carla aveva bisogno di protezione e denaro. E aveva un'unica possibilità: fare quello che le veniva detto, cioè prostituirsi.

Carla non poteva credere a quanto stava sentendo. Era disperata. Non aveva soldi, non aveva amici. Passò una mano tra i pochi capelli di Benedict e capì che non aveva scelta. Doveva accettare.

Qualche giorno dopo si ritrovò seminuda in strada a adescare clienti. Quel lavoro le dava il vomito, la distruggeva emotivamente, ma tutto accadeva in modo così rapido che non aveva nemmeno il tempo di capire quanto fosse tremendo ciò che le stava capitando. Sentiva solo un profondo, violento, continuo disgusto per quello che la circondava. E anche per se stessa. A volte si illudeva che le bastasse non pensarci, tornare a casa e allattare Benedict. Ma il trucco funzionava solo per i pochi minuti di intimità tra lei e il bambino. Poi il disgusto tornava a sopraffarla.

Nei momenti di esitazione, dopo qualche nottata particolarmente faticosa, o nei giorni in cui non riusciva a sentire i suoi figli dall'altra parte del mare, c'era la madame a ricordarle che, senza la sua protezione, il governo le avrebbe tolto Benedict.

Tutto ciò che guadagnava andava via immediatamente: il grosso se lo prendeva quella donna, per la casa e per il debito. Una buona parte di ciò che restava, Carla la inviava in Niger all'indirizzo dell'anziana coppia, e con gli ultimi pochi spiccioli provvedeva al sostentamento quotidiano di Benedict, il latte, i pannolini, i vestiti.

I mesi passavano veloci, e presto Carla imparò a vivere anche lei come un automa, come le ragazze che aveva osservato nella casa di Alicante. Lei non poteva saperlo, ma il suo sguardo era diventato identico al loro, distante, disinteressato, perennemente venato di disgusto. Lavorava tutta la notte e anche parte del giorno, senza pensare a quello che stava facendo, come se il suo corpo fosse qualcosa di separato dalla sua testa, un oggetto, un accessorio. Uno strumento di lavoro. Era l'unico modo per poter accettare quella situazione. Si era scissa: la sua mente e il suo cuore vivevano costantemente nel passato e nel futuro, tra i ricordi e le speranze, mentre ad abitare il presente – quel presente nauseabondo fatto di nottate interminabili sui tacchi alti, ai bordi delle strade – aveva abbandonato il suo corpo. Era l'unico modo per andare avanti e per poter garantire la sopravvivenza a tutta la sua famiglia.

Poi, con il tempo, cominciò a guadagnare sempre di meno: la crisi finanziaria stava travolgendo la Spagna. I soldi che portava a casa ogni mattina non bastavano mai: non alla madame che continuava a rivolgerle minacce pesantissime, non a Benedict che ogni giorno aveva nuovi costosi bisogni, e nemmeno ai suoi bambini in Niger. E questo, per Carla, era il pensiero più assillante. Quando Benedict si addormentava dopo le poppate, invece di dormire anche lei come fanno dopo l'allattamento tutte le mamme che lavorano, cominciava inevitabilmente a pensare a quei suoi figli, abbandonati ormai da quattro anni in un Paese così complesso e povero come il Niger. I due anziani che si erano presi l'impegno di accudirli e proteggerli stavano facendo un buon lavoro, da quanto aveva capito. Ma quei bambini le mancavano da morire, e nessuna mamma dovrebbe stare lontana dai figli per così tanto tempo. Non era umano. Non era giusto.

La sua paura più grande era che si dimenticassero di lei, soprattutto Anila, la più piccola. I bambini sviluppano la capacità di ricordare a partire dai tre anni, e l'idea che sua figlia potesse un giorno non ricordare nulla della sua mamma la distruggeva. C'era anche un altro pensiero che le toglieva il fiato: quello che i suoi due figli più grandi potessero invece sviluppare un sentimento diverso, di rabbia. Al telefono li sentiva sempre più distaccati, sempre più freddi, quasi l'accusassero di averli abbandonati per andarsene in un posto, l'Europa, che veniva dipinto come una specie di strano Eldorado.

Per questo un giorno, più o meno tre anni dopo il suo arrivo in Spagna, Carla aveva chiesto al padre di Benedict di affrontare il viaggio da Benin City ad Agades per andarli a trovare. E di portare loro un po' di soldi e qualche regalo da parte sua. Di assicurarsi che stessero bene. Appena gli fu possibile, l'uomo esaudì la sua richiesta e raggiunse i tre ragazzi, che in verità non se la passavano affatto bene. Servivano più soldi, insomma.

Carla lo spiegò alla madame, la quale ovviamente fu entusiasta. E decise, d'accordo con l'organizzazione, di trasferire lei e il suo bambino in Francia, a Marsiglia. Alle stesse condizioni. Ciò che cambiava era la realtà economica del Paese, che avrebbe dovuto garantire maggiori incassi.

Fu qualche mese dopo il suo arrivo a Marsiglia che Carla incontrò Monique. Quella notte, mentre stava appoggiata a un muretto scrollando il capo, illuminata dagli anabbaglianti delle auto dei clienti che le sfrecciavano a fianco, non poteva certo immaginare che dentro la macchina parcheggiata poco lontano potesse esserci la via d'uscita al dramma che stava vivendo.

Monique seppe conquistare la sua fiducia e diventarono ben presto amiche. Parlavano di tutto, di quello che succedeva in Nigeria e in Niger, e della sua situazione in Francia. Monique insisteva perché Carla chiedesse asilo politico, ma lei non ne voleva sapere. Continuava a prostituirsi, anche perché doveva finire di pagare il debito e mandare i soldi ai suoi figli lontani, ma almeno ora Benedict andava regolarmente alla scuola materna e sembrava molto più sereno. E questo la faceva stare molto meglio.

Monique cominciava a essere ottimista: Carla era incamminata sulla strada giusta e, con un po' di tempo e di fortuna, l'avrebbe convinta a fare domanda d'asilo al ministero dell'Interno. Poi, un giorno, l'intera costruzione crollò addosso alle due donne, proprio come un castello di carte. Una telefonata dal Niger informò Carla che le cose laggiù erano cambiate. La donna che fino a quel momento aveva amministrato i soldi per il sostentamento dei tre bambini era morta. E suo marito, anziano e malato anche lui, non ce la faceva più. Non poteva mantenere l'impegno preso di garantire un futuro ai tre ragazzi.

La telefonata gettò Carla nel panico. Anche perché fu seguita da un silenzio terrificante. Il numero al quale contattava la sua famiglia improvvisamente cessò di funzionare, e da allora non seppe più nulla. Carla non aveva idea di cosa fare. In un primo momento pensò di chiedere al papà di Benedict di raggiungere il Niger per vedere con i suoi occhi che cosa stava succedendo, ma l'uomo da qualche mese aveva intrapreso un nuovo viaggio verso l'Europa, per raggiungere lei e il bambino in Francia, e adesso si trovava chissà dove sperduto nel Sahara, cercando di raggiungere la Libia.

La situazione sembrava davvero disperata. Carla piangeva senza tregua, non riusciva più a trattenersi nemmeno davanti a Benedict, che la guardava con aria sgomenta. La sua preoccupazione era soprattutto per Anila. I due maschi ormai erano dei ragazzoni e se la sarebbero certamente cavata. In alcune conversazioni telefoniche avevano addirittura accennato alla possibilità di lasciare il Niger alla volta dell'Europa.

Ma Anila no, non avrebbe mai potuto farcela. Era una bella bambina, ancora troppo piccola, e anche se era molto piccola, se fosse caduta nelle mani sbagliate avrebbero potuto farle di tutto, violentarla e portarla in Libia dove c'era un fiorente giro di prostituzione minorile. Proprio come era successo a molte delle giovani «colleghe» di Carla. Che, sconvolta, cominciò a lavorare sempre più duramente. Voleva ripagare il prima possibile il suo debito, per tener buona l'organizzazione e infine liberarsi. Ma in cuor suo sapeva perfettamente che questa era solo un'illusione. Non sarebbe mai riuscita a estinguere il suo debito, il destino la voleva per sempre schiava. Non c'era via d'uscita.

Nel frattempo, Monique aveva provato in ogni modo a rintracciare i bambini in Niger. Si era mossa tramite le ambasciate e si era rivolta alla polizia. Ma niente. Di loro non c'era più traccia. Un silenzio profondo avvolse l'esistenza di Carla e nessuno sembrava poter far nulla.

Fino a quando, quasi un anno dopo, Carla fece irruzione nella stanza di Monique alla sede dei servizi sociali.

«Monique,» urlò concitata «questa mattina è arrivata una chiamata dall'Italia... Anila è viva. È lì.»

XI

Buon Natale

«Abbi solo un po' di pazienza, Anila» le avevo detto quella prima sera all'ospedale di Palermo, appena tornato da Roma. E lei aveva fatto di sì con la testa. Sembrava un po' frastornata. Doveva ancora avere nelle orecchie il suono dolce della voce della mamma, che aveva appena ascoltato al telefono. Chissà da quanto non lo sentiva, chissà quante notti l'aveva sognato, chissà che effetto le aveva fatto. Un po' di pazienza, le avevo chiesto. Come se fosse la cosa più normale del mondo. Ma – mi chiedevo – era giusto domandare a una bimba così piccola, che aveva avuto il coraggio di attraversare da sola il deserto e il mare, che era sopravvissuta alle carceri libiche e ai naufragi, anche la pazienza? No, che non lo era.

Mentre dall'oblò dell'aereo guardavo Lampedusa avvicinarsi, avevo promesso a me stesso che avrei fatto di tutto per far tornare Anila dalla mamma il prima possibile. Avrei usato ogni arma a mia disposizione, senza nessun pudore, senza nessun limite. In questi anni ho avuto la fortuna di conoscere tanta gente importante, ministri, consoli, politici, persino il papa e il presidente della Repubblica. Avrei contattato chiunque per aiutarla.

Ma, pochi giorni dopo, mi accorsi che le cose stavano andando in tutt'altra direzione. E l'aspetto peggiore è che non era colpa di nessuno, solo della burocrazia. Un'entità impersonale, spietata. Un mostro che, con la rigidità delle regole, moltiplica la disumanità della macchina. Non c'era telefonata, non c'era intervento che potessi fare contro quel nemico. Così fui costretto ad ammettere di aver mentito ad Anila, quella sera. Magari non volontariamente, ma le avevo detto una bugia. Non era vero che l'avremmo mandata dalla mamma nel giro di pochi giorni.

Che non sarebbe stato facile, avrei dovuto capirlo anche dal tono della voce di suor Letizia. La prima volta che le parlai, il giorno che accolsero Anila nella loro comunità, mi disse che si sarebbe occupata lei dell'iscrizione a scuola. Aveva 11 anni, doveva fare la prima media. A me sembrò un eccesso di pessimismo. Era il 21 dicembre, c'erano le vacanze di Natale di mezzo, e il 7 gennaio, giorno della riapertura delle scuole, Anila sarebbe già stata a Marsiglia tra le braccia della mamma, replicai. Suor Letizia non mi contraddisse, ma solo per educazione. Era chiaro che non era convinta.

E, naturalmente, aveva ragione lei. Del resto era logico. Lo Stato italiano si trovava di fronte a una situazione complessa e pericolosa: da una parte una bambina di 11 anni arrivata da sola via mare dall'Africa, e dall'altra una donna sconosciuta, irregolare, che dalla Francia ne rivendicava la maternità. Con l'aggravante che, da quanto ne sapevamo, questa donna era coinvolta, non era chiaro a quale titolo, in un giro di prostituzione. Bastava la sua parola? E se poi non era vero? E se la donna, oltre che vittima, fosse stata anche parte dell'organizzazione? Lo Stato poteva assumersi una responsabilità del genere? Certamente no. Anzi, aveva il dovere di muoversi con la massima cautela possibile.

La questura fece sapere a suor Letizia che non era neppure il caso che le due si sentissero per telefono, almeno non prima che fosse stata fatta chiarezza sulla reale identità della donna. E finsero di non aver mai saputo della prima chiamata che avevamo organizzato tra di loro. Che io e Monique non avessimo dubbi, che Anila stessa non ne avesse, era chiaramente solo un dettaglio.

E così arrivò il Natale. Anila stava cercando di ambientarsi in quel nuovo mondo, pur con qualche fatica. Io la chiamavo ogni giorno. O lo faceva lei. Ci sentivamo sempre, insomma. Del resto le avevo promesso di farle riabbracciare la sua mamma, e sia io che lei eravamo vincolati dal peso di quella promessa.

Suor Letizia mi raccontava tutto ciò che le succedeva. Anila era una bambina educata e dolce. Talvolta appariva frastornata, nervosa, ma in generale il suo comportamento era irreprensibile. La cosa che più di tutte aveva colpito la responsabile della comunità era la sua intelligenza. Ampiamente dimostrata dalla facilità con cui aveva superato il principale problema: la lingua. Anila parlava solo l'inglese, anzi quello strano slang che è l'anglo-nigeriano, e quasi nessuno nella comunità la capiva. Lei, però, trovò comunque il modo per comunicare.

In particolare legò con un'educatrice dell'istituto, giovanissima e carina: Luisa. Non parlava una parola d'inglese, Luisa, ma nonostante ciò, in pochissimo tempo riuscì a instaurare con Anila un rapporto straordinario, diventando per lei una specie di sorella maggiore. Anila la cercava sempre, le chiedeva aiuto, e nei momenti di paura – perché ovviamente le capitava spesso di avere paura – correva nella sua stanza a parlarle. Luisa la incoraggiava e l'accudiva utilizzando i gesti semplici dei bambini, soprattutto le carezze e i sorrisi. Sapeva bene che per una bimba come Anila avere un canale di comunicazione del genere, impostato sull'affetto e sul calore, era fondamentale, così come entrare in sintonia con qualcuno e non sentirsi sola.

Per questo decise di invitarla a casa sua per la cena di Natale e per capodanno. Furono giorni sereni, a quanto pare. Immersa nel clima familiare e caldo delle case italiane nei giorni di festa, Anila era stata felice come non le era accaduto da tempo. E come non lo sarebbe più stata per molti mesi ancora. Rassicurata dalla situazione, incantò tutti mostrandosi sempre sorridente e disponibile a ogni tipo di gioco. Era contenta e lo esprimeva in ogni modo, in particolare ballando. Chiese alla sua nuova amica di metterle una canzone della sua cantante preferita, Rihanna, e ballò come una matta davanti all'albero addobbato.

Ballare le piaceva da morire, mi confermò suor Letizia. Ogni volta che era contenta, spesso dopo le nostre telefonate, quando si sentiva rassicurata che tutto si sarebbe sbloccato a breve e che presto avrebbe riabbracciato la mamma, accendeva la musica e si metteva a saltare. Credeva a quello che le dicevo. E ci credevo anche io.

Passate le feste, si scoprì che suor Letizia aveva fatto benissimo a iscrivere Anila a scuola. La soluzione del suo caso burocratico era ancora lontanissima. E così la piccola, insieme a Luisa, andò in una grande cartoleria a scegliere lo zainetto (ne volle uno tutto rosa), i quaderni, l'album da disegno e ogni sorta di articoli di cancelleria, in vista del suo primo giorno a scuola.

Era emozionatissima. Luisa durante la cena, nel refettorio, aveva provato a spiegarle – un po' a gesti, un po' in italiano – la bellezza di ciò che avrebbe fatto la mattina dopo. Le disse che avrebbe imparato un sacco di cose e conosciuto tanti altri bambini. Lei lo aveva capito e non vedeva l'ora. Suor Letizia mi raccontò che era andata a letto con un sorriso grande così sulle labbra.

Poi, però, successe qualcosa. Perché non passarono due ore che la grande casa della comunità, su cui ormai era sceso un silenzio profondo, venne scossa da un grido terrificante. Le suore si svegliarono e di corsa raggiunsero la stanza di Anila. La trovarono sul letto in lacrime, disperata, nel pieno di una crisi di panico. Continuava a tirarsi i corti capelli e a gridare cose sconnesse. «Cattivi» diceva singhiozzando. «Uomini cattivi. Uomini cattivi.»

Suor Teresa fu la prima a provare a calmarla, ma avvicinandosi ottenne il risultato opposto. Anila urlò fortissimo, proprio come aveva fatto prima, e la colpì al busto. Poi ricominciò a tirarsi i capelli. «Uomini cattivi, cattivi.» Non diceva altro.

Suor Letizia ci mise molto tempo a tranquillizzarla, e ci riuscì solo parzialmente. Anila singhiozzò a lungo, quella notte. Solo all'alba crollò, più svenendo che addormentandosi. Nessuno riuscì a capire bene che cosa le fosse successo. Probabilmente, un incubo.

Al risveglio, tutto sembrava passato, ma al momento di entrare in classe Anila esitò e ricominciò a tirarsi i capelli. Poi, però, la vista di tutti quei bambini, i banchi, la maestra sorridente dovettero distrarla e farla pensare ad altro. Fu Luisa, nei giorni successivi, a indagare sulla storia dei capelli. Non fu facile. Ogni volta che cercava di entrare in argomento, Anila reagiva in maniera violenta. Li associava, evidentemente, a un qualche evento traumatico.

Quello che Luisa riuscì a capire era che un tempo, quando ancora viveva in Niger, la bimba aveva i capelli lunghi e acconciati con perline colorate. E che poi, in Libia, durante la detenzione, qualcuno glieli aveva tagliati. Nella cultura africana, i capelli sono un elemento fondamentale sia dal punto di vista estetico che da quello spirituale, e le bambine ci tengono moltissimo. Per essere belle devono avere capelli lunghi.

Non era solo per questo che Anila piangeva, ma anche per il modo in cui le erano stati tagliati. Però, ogni volta che Luisa le faceva delle domande in proposito non otteneva altra risposta che una crisi isterica. «Cattivi!» urlava Anila. «Uomini cattivi… Coltello», e nient'altro.

A parte il problema dei capelli, i primi giorni nella nuova scuola furono felici. Le maestre la integrarono subito nella classe e lei si mostrò predisposta per lo studio, in particolare per la matematica, materia che le permetteva di aggirare senza troppa fatica l'ostacolo linguistico. Ma ad Anila piaceva andare a scuola soprattutto perché aveva fatto amicizia con Margherita, una bimba palermitana che da subito si era dimostrata molto gentile e ben disposta nei suoi confronti. E, però, quando arrivava la sera, dopo cena, il pensiero della madre tornava fisso. E allora prendeva il telefono della comunità e mi chiamava.

«Dottore, quando posso andare?» mi chiedeva in italiano.

«Anila, devi avere pazienza, manca poco ormai: vedrai che la prossima settimana ce la facciamo.»

«Ma cosa manca? Perché non posso andare dalla mia mamma?»

«Dobbiamo ancora ricevere un ultimo foglio.»

«Un foglio... Ma perché un foglio?»

Ogni volta che ci sentivamo, si faceva sempre più impaziente, irrequieta, nervosa. Sentivo dal tono della voce che cominciava a non credermi più.

Finché un giorno non ricevetti una telefonata da suor Letizia. Ero nel poliambulatorio quando squillò il telefono: «Dottor Bartolo, Anila...».

Sentii il ghiaccio nelle vene.

«Cosa?»

«Anila, dottore... non la troviamo più. È sparita...»

XII

Fiamme e stelle

Lampedusa, 8 marzo 2018

C'è un momento esatto, all'incrocio tra il pomeriggio e la sera, in cui è come se Lampedusa piano piano si spegnesse. Il vento, che per l'intera giornata ha increspato il Mediterraneo, improvvisamente cala, gli uccelli smettono di cinguettare e non si sente più alcun rumore, nemmeno il ronzare degli insetti. L'unico movimento visibile è quello lento di qualche peschereccio che fa la manovra d'attracco nel porto. Non è territorio del sole, questo momento, né della luna, ma solo dei pensieri, dei ricordi o dei sogni.

Se sono libero, se non ho troppo lavoro all'ambulatorio come capita spesso in questi giorni senza sbarchi, a me piace moltissimo, all'imbrunire, passeggiare e riflettere. E lo faccio così intensamente che non di rado finisce che mi ritrovo a parlare a me stesso, come i matti. Altre volte, invece, me ne vado in un bar della via principale per due chiacchiere con gli amici prima di cena.

Stasera è una di quelle sere in cui preferisco andare al bar. L'inverno, a Lampedusa, è uno scherzo del calendario, e a marzo è già un vago ricordo. Mando un sms a Rita avvertendola che rientrerò nel giro di una mezz'oretta, ordino da bere e mi siedo al tavolino, pronto a godermi questa straordinaria tranquillità.

All'improvviso, però, il grido di una sirena rompe la quiete. Mi guardo intorno per capire che cosa stia succedendo, ma solo in quel momento mi accorgo che non c'è nessuno nel locale se non il barista che dietro il bancone si è fermato per tendere anche lui l'orecchio verso quell'allarme. «Sono i vigili del fuoco» gli dico. Ho riconosciuto il suono. Ma non faccio in tempo a finire la frase che una seconda sirena si unisce alla prima. E poi una terza. Sta succedendo qualcosa di grosso. Chiamo al poliambulatorio per sapere se hanno ricevuto qualche allarme, pronto a fare una sfuriata per non essere stato avvertito subito, ma prima ancora di aver composto il numero ricevo una telefonata da Giacomo, uno dei miei migliori amici.

«Pietro, stiamo correndo al "centro".»

Nella vita, Giacomo fa il vigile del fuoco.

«Che succede?»

«Succede che sta andando a fuoco tutto, un'altra volta.»

«Ci vediamo là» gli dico.

Lo chiamano «hotspot» o «centro d'accoglienza» per dargli un tono, in realtà di accogliente ha davvero ben poco. È una sorta di prigione incastrata dentro un'altra prigione: quest'isola, dalla quale non si può scappare. Gli ospiti hanno libertà di muoversi, perché per la legge italiana non sono detenuti, ma è solo un gioco di prestigio: possono andare dove vogliono semplicemente perché non c'è nessun posto dove andare. Così, coloro che hanno paura di procurarsi delle ferite per essere trasferiti a Palermo preferiscono farsi arrestare piuttosto che restare lì, accampati in quel cortile. E le provano tutte. L'incendio del padiglione è un grande classico. È dal 2009 che ogni due o tre anni l'amministrazione si ritrova a dover rimettere a posto la struttura, perché qualche migrante-detenuto l'ha mandata in cenere.

Stasera, ci siamo di nuovo. Salgo in macchina e corro a gran velocità verso il centro. Lungo la strada allerto il poliambulatorio di prepararsi nel caso in cui ci sia qualche ferito, qualche intossicato da ricoverare. Ma in cuor mio so benissimo che non sarà necessario: i migranti sono disperati, non stupidi. Prima di appiccare il fuoco si accertano che dentro il padiglione non sia rimasto nessuno. L'incendio, poi, difficilmente sfugge di mano, visto che all'ingresso del centro c'è sempre un camion dei pompieri pronto a intervenire, e loro lo sanno bene.

Quando arrivo, trovo una scena ormai abituale. La colonna di fumo che comincia ad alzarsi, le fiamme che si intravedono dalle finestre, gli agenti in assetto antisommossa in giro per la struttura per evitare che qualcuno, approfittando della confusione, inneschi una rivolta e, qua e là, gruppetti di migranti nervosi che urlano, protestano, insultano. Le indagini non saranno difficili, basterà fare quattro domande in giro che i responsabili salteranno fuori subito: l'hanno fatto apposta, del resto.

Un vigile del fuoco viene verso di me.

«Tutto tranquillo, dottore, non si è fatto niente nessuno...»

Lo vedevo anche da me. Ringrazio e saluto.

Prima di tornare a casa, faccio un ultimo giro per quel luogo. Fili con abiti stesi ad asciugare, scarpe accatastate qua e là, secchi e spugne per l'igiene personale, se così si può chiamare. Tutto sparso alla rinfusa. Gente che non ha commesso alcun reato viene tenuta in questo stato senza un motivo e senza una prospettiva. Donne, bambini, uomini vivono in questo bivacco sporco e disordinato come lemuri in una gabbia dello zoo. Sento la rabbia che comincia a salire dentro di me. Nessun ferito, posso anche andarmene.

All'uscita del centro incontro di nuovo Giacomo. L'incendio è quasi domato e anche la sua presenza lì non è più necessaria. Ci fissiamo per un attimo negli occhi, e mi accorgo che in quell'istante capisce esattamente ciò che ho per la testa. Ci conosciamo da troppo tempo, non ho segreti per lui. Siamo andati per mare insieme, e non c'è niente che possa unire due uomini più del mare.

«Pietro, ti va di fare due passi alla "villa"?»

La «villa» è una splendida struttura in pietra appartenuta a Domenico Modugno. Sta in uno dei posti più belli dell'isola, forse del Mediterraneo, a pochi passi dall'Isola dei conigli. Praticamente sulla spiaggia. Non ci si può arrivare in macchina, occorre parcheggiare sul ciglio della strada e poi scendere a piedi verso il mare. Di notte è ancora più suggestivo. Le case più vicine sono a qualche chilometro di distanza e così nessuna fonte luminosa interferisce con le luci delle stelle che risultano talmente nitide da sembrare al neon.

Giacomo ha in custodia la villa e conosce ogni angolo di quella zona. E sa che quella passeggiata è senza dubbio la mia preferita.

«Aspetta, avverto Rita che faccio tardi e andiamo.»

Ci lasciamo il centro di accoglienza alle spalle e con la macchina muoviamo verso l'Isola dei conigli. Dallo specchietto retrovisore, per qualche secondo intravedo i bagliori dei lampeggianti del camion dei pompieri che illuminano con flash azzurri la cappa di fumo pesante che, da qualche ora, staziona lì sopra. Accelero. E dopo poco io e Giacomo, a bordo della mia auto, siamo immersi nel buio dell'isola.

Parcheggiamo proprio nel punto in cui la strada principale incrocia il sentiero che porta giù, verso la villa. Giacomo tira fuori da una sacca una bottiglia di vino e due bicchieri di carta e me li mostra con un sorriso promettente. Poi ci incamminiamo, illuminando a terra con la torcia dei cellulari. Dal fondo, accompagnato dai profumi notturni della macchia mediterranea, sale il rumore del mare. Il ritmo lento delle onde che si abbattono sull'Isola dei conigli scioglie la mia rabbia e quando arriviamo nei pressi della villa, dove Giacomo ha intenzione di fermarsi per bere il vino e fare quattro chiacchiere, mi sento molto meglio di prima.

Spegniamo le torce e rimaniamo per qualche secondo in silenzio, giusto il tempo di lasciare che gli occhi si abituino a quell'oscurità impenetrabile, poi, come per un miracolo, si illumina la notte. Distinguo la Via Lattea, i Carri, Venere. E soprattutto rimango sbalordito – come succede ogni volta che arrivo fin qui la notte – davanti alla miriade di luci, alcune tremule altre fisse, che riempiono l'orizzonte. Ogni volta penso sempre alla stessa cosa. A ciò che raccontiamo, molto spesso, ai nostri bambini per alleviare la loro naturale paura della morte. Quando qualcuno se ne va, di solito il nonno, o un anziano zio, spieghiamo loro che quel qualcuno si è trasformato in una stella, e che ogni volta che ne sentiranno la mancanza sarà sufficiente alzare lo sguardo verso il cielo per poterlo salutare. Non mi ha mai convinto, questa cosa. Un po' perché è una bugia, e io sono allergico alle bugie, e un po' perché immaginare che un cielo come questo, profondo e pieno di luci, non sia altro che un cimitero – per quanto immaginario – è troppo lugubre per i miei gusti.

Immaginazione per immaginazione, allora, preferisco pensare che le stelle stiano lì per proteggere le migliaia di bambini che ogni giorno si ritrovano ad affrontare viaggi disperati come quello di Anila. Autentici, coraggiosissimi eroi, capaci di sopportare il dolore e la paura pur di giungere a destinazione, con il sogno di rivedere i loro cari e vivere felici da qualche parte, in un Paese senza guerre o persecuzioni.

Ecco perché mi piace così tanto venire a passeggiare quaggiù la notte. Perché mi basta alzare lo sguardo per vederli tutti, i bambini che sono passati di qui, Favour, Mohamed, Akim... Le stelle di Lampedusa sono lì per loro.

Non ho troppa voglia di bere il vino di Giacomo, finisco a malapena il primo bicchiere. Ho ancora nelle narici l'odore acre del fumo respirato poco fa. Restiamo in silenzio per una mezzoretta, poi raccogliamo i nostri bicchieri, la bottiglia, e cominciamo a risalire il sentiero verso la strada.

Prima di tornare a casa, però, decidiamo di passare di nuovo al centro d'accoglienza per vedere a che punto sono le operazioni di bonifica dell'area e provare a capire che danni ha causato l'incendio.

All'altezza del cancello d'ingresso ci vengono incontro due vigili del fuoco. Sono stanchi morti, ma si vede che sono soddisfatti del lavoro fatto.

«Dottore, tranquillo, abbiamo finito. È tutto a posto... solo qualche minimo danno» mi fa uno dei due.

Io sento la rabbia di prima tornare su tutta insieme. «Qualche minimo danno?» rispondo con aria grave.

«Sì, dottore. Alla fine abbiamo contenuto rapidamente le fiamme e nessuno s'è fatto male.»

«E avete sbagliato. Se la prossima volta volete fare una cosa fatta bene, sapete cosa dovete fare? Girarvi e andarvene.»

«Ma che dice, dottore?»

«Non l'avete ancora capito? Questo è un postaccio, e se non ci pensa lo Stato a chiuderlo, pensiamoci noi. Lasciamolo andare a fuoco. In cenere si deve ridurre. Al prossimo incendio fatemi un regalo: andatevene.»

Il vigile mi fissa sgomento. «Sta scherzando, vero?»

Abbozzo un sorriso, gli do una pacca sulla spalla: «Ma sì, scherzo».

«Ah.»

«Buonanotte, ragazzi, riposatevi.»

«Buonanotte, dottore.»

I vigili si allontanano.

«Non scherzavi nemmeno un po', eh, Pietro?» mi chiede Giacomo con un tono molto più simile a quello di un'affermazione scontata che a quello di una domanda.

«Andiamo a casa, va'.»

XIII

La Favorita

Risparmiare ad Anila, nei momenti drammatici dello sbarco, la pena di un soggiorno nel centro di accoglienza, con tutti i rischi connessi, mi era sembrata un'ottima idea. Ma il giorno di fine febbraio in cui ricevetti la telefonata da suor Letizia non ne fui più così convinto. La bambina era scomparsa, non si trovava più.

Era andata a scuola come ogni mattina e nessuno dei compagni aveva notato niente di strano. E nemmeno le maestre. Poi era tornata in istituto, si era chiusa nella sua stanzetta con i muri ormai tempestati dalle sue scritte da preadolescente – la più grande di tutte recitava «I love Luisa» – e nessuno l'aveva più vista né sentita. Solo dopo qualche ora era partito l'allarme.

Quando suor Letizia mi disse che non avevano idea di dove fosse, mi crollò il mondo addosso. Mi resi conto che mi stavo assumendo troppe responsabilità. Che tutti si aspettavano da me che risolvessi quella situazione che, però, non ero in grado di risolvere. I tempi della burocrazia internazionale e le aspettative di una bambina che cercava di riabbracciare la sua mamma non potevano andare d'accordo. Erano le espressioni di due mondi lontani tra di loro anni luce. E in mezzo c'ero io.

La fuga di Anila era molto più eloquente di quanto potesse sembrare. Stando a quello che ci dicevano i suoi insegnanti e anche a quello che ogni giorno suor Letizia e suor Teresa mi raccontavano, la bambina si stava trovando bene in Italia. In classe si era saputa far ben volere da tutti. A parte qualche ragazzino che l'aveva presa in giro perché nera, gli altri l'avevano accolta senza preclusioni, e le volevano bene. Anche all'interno dell'istituto non sembravano esserci problemi. Certo, di tanto in tanto Anila diventava un po' aggressiva e perdeva il controllo, ma erano solo piccole crisi che si innescavano ogniqualvolta si parlava della mamma e di quanto tempo c'era da aspettare ancora perché si riabbracciassero. In fondo era comprensibile, per una bambina che aveva passato ciò che aveva passato lei. E poi le suore avevano notato un dettaglio che lasciava ben sperare circa la sua integrazione in istituto: quando erano presenti altri bambini, Anila sapeva controllarsi perfettamente e non faceva mai scenate. Una forma di riguardo nei confronti dei compagni che aveva colpito le sue educatrici, rendendole molto ottimiste.

Ma sbagliavano. Così come sbagliavo io. Anila soffriva. La scuola, l'istituto, le amiche, le piacevano, la interessavano. Ma non era per questo che aveva attraversato il mondo. Lei voleva tornare dalla sua mamma. E le crisi, le lacrime, le grida non significavano altro: in tali momenti considerava tutto ciò che aveva intorno, me compreso, un nemico, un ostacolo tra lei e il suo obiettivo.

E adesso Anila era in giro per Palermo, chissà con chi, a combinare chissà cosa. Mentre io, a Lampedusa, non potevo fare altro che aspettare, impotente, che venisse ritrovata, se mai l'avessero ritrovata…

Le ore passavano lentissime e i sensi di colpa crescevano in me, come la paura di non rivederla più. Cosa avrei detto alla sua mamma? Come avrei potuto spiegarle che ci eravamo persi sua figlia?

Proprio mentre mi ponevo queste domande, arrivò una telefonata all'istituto. Era la madre di una compagna di classe di Anila, che poche settimane prima aveva organizzato una festa di compleanno dove lei e Margherita avevano ballato fino a sfinirsi. «Anila è qui da noi» la rassicurò la donna. «È arrivata da poco, da sola, non ho capito bene come mai proprio qui... Ma, insomma, ho pensato che era bene chiamarvi.»

Santa donna, aveva davvero pensato bene.

Luisa corse a recuperarla. Quando la vide non sapeva se rimproverarla o abbracciarla. Scelse la seconda.

Tornate in istituto, Anila fu molto aggressiva con lei. «Scapperò di nuovo» minacciò «perché io voglio andare dalla mia mamma e non c'è niente che potete fare per fermarmi.»

L'educatrice non replicò, lasciò che la bambina si sfogasse. Poi, con calma, le avrebbe spiegato che, se faceva così, peggiorava la situazione. Che doveva stare tranquilla. Che mancavano solo pochi fogli di carta, presto tutto si sarebbe sistemato. Ora lei doveva preoccuparsi solo di imparare come si vive in Europa, a leggere e a scrivere, a tutto il resto ci stavo pensando io.

Ma questa storia dei fogli di carta, Anila proprio non la capiva, pensava fosse una presa in giro.

Allora chiese di chiamarmi e quella telefonata non me la dimenticherò mai. La sua voce era trasformata, violenta, minacciosa. Non sembrava la voce di una bambina, ma di una donna disperata. Le sue parole erano taglienti come lame. «Pietro, sei una persona cattiva» urlò in preda a qualcosa che collocherei a metà strada fra un attacco di panico e una crisi isterica. «Mi prendi in giro. Io voglio andare dalla mia mamma e tu mi prendi in giro. Sei una persona cattiva. Questa storia dei fogli... Se non mi portate subito dalla mamma, io mi ammazzo. Mi ammazzo. E sarà colpa vostra. Cattivo.»

Sul mio smartphone ho un'applicazione che mi permette di registrare le telefonate più importanti. Questa l'ho riascoltata centinaia di volte nei giorni successivi, e ogni volta mi feriva sempre di più. Non saprei dire con esattezza per quale motivo. Sapevo di essere in buona fede, stavo facendo il massimo per Anila, ma c'era qualcosa che non mi dava pace. Che mi feriva. Mi metteva, di nuovo, di fronte alla mia impotenza.

Luisa, quella sera, passò molto tempo in camera con Anila. Le spiegò più volte che provare a scappare non aveva senso, che era peggio, che un comportamento del genere metteva a rischio tutti i suoi progetti. E le spiegò anche che per una bambina di undici anni andare in giro da sola era pericoloso. Anila sembrava non comprendere bene tutte quelle parole. Allora la giovane educatrice andò nella sala comune, prese un mappamondo e ricominciò la spiegazione, cercando di darle qualche punto di riferimento. «Qui c'è la Nigeria, qui il Niger, qui il deserto... E questa è l'Italia, Anila. Tu ora sei qui, mentre la Francia è questa qui. Vedi che sono di due colori diversi?»

Non era chiaro se Anila stesse capendo o no, però si stava certamente calmando. Era comunque un risultato, e Luisa continuò finché la piccola non si addormentò. Poi mise a posto il mappamondo e tornò a casa.

Le settimane continuavano a passare velocemente, ma la questione burocratica di Anila e della mamma restava in stallo. E, all'improvviso, peggiorò: la Francia bocciò la richiesta di asilo di Carla. La donna, terrorizzata dal vudù e dall'idea che potessero fare del male a Benedict e agli altri suoi figli, non aveva voluto denunciare i suoi protettori, ai quali doveva ancora molti soldi. E questo le si ritorse contro. Monique e io cominciammo a pensare ad altre soluzioni, non sapevamo più cosa fare.

Luisa e suor Letizia, invece, sì. La fuga di Anila le aveva messe in allarme e avevano deciso che quanto avevano fatto fino a quel momento non era sufficiente, che occorreva fare di più. Molto di più. Occorreva provare a entrare meglio nella testa della bambina per cercare di tranquillizzarla. Bisognava ascoltarla maggiormente. E, come prima cosa, cercarono in ogni modo di accelerare i tempi con la polizia italiana per avere il consenso, quantomeno, di organizzare delle videochiamate fra madre e figlia. Suor Letizia andò in questura, portò tutti i documenti richiesti, e chiese a Monique di inviare un sacco di scartoffie che potessero attestare che Carla era seguita da un'organizzazione riconosciuta dallo Stato e che, insomma, questa non era una messinscena.

Poi cercarono di parlare di più, e meglio, con Anila. Solo così, creando empatia, avrebbero potuto gestire la bambina e i suoi fantasmi per tutto il tempo necessario. E chissà quanto ancora ci sarebbe voluto.

Anche Luisa si avvicinò, se possibile, ulteriormente alla piccola, che adesso, quando tornava da scuola, voleva parlare solo con lei. Con il mappamondo in mano, cercava di farsi raccontare da Anila quello che le era successo prima di giungere in Italia. Fu così che si rese conto che nel passato della bimba c'era un buco di un paio d'anni, da quando si era dovuta separare dagli anziani signori che si erano occupati di lei in Niger a quando era arrivata in Italia. E che anche solo sentire accennare a quel periodo generava in Anila uno stato di ansia e di scoramento terrificante.

Ogni volta che toccava il punto, gli occhi della piccola si facevano di vetro e improvvisamente diventavano ancora più profondi. Due finestre su un abisso. Allora Luisa non insisteva con le domande e cambiava subito discorso, cercando di distrarla.

Un pomeriggio, propose ad Anila di andare a fare una passeggiata fuori dall'istituto. La bimba voleva andare a Ballarò. Ne aveva sentito parlare, le avevano detto che era un mercato pieno di gente che veniva dal suo Paese. Ma proprio per questo Luisa preferì evitarlo. Avrebbero potuto incontrare le persone «sbagliate». Sarebbe stato sufficiente un attimo di distrazione e poteva succedere un disastro. Le circostanze che avevano portato la bambina in Italia erano piuttosto misteriose, non era il caso di rischiare. Così scelsero di andare a passeggiare al parco della Favorita.

Anila aveva finito di fare i compiti e si sentiva leggera e allegra come tutti i bambini che hanno fatto il proprio «dovere», e zompettava tra gli agrumeti e le palme precedendo di qualche passo la sua accompagnatrice. All'improvviso, però, accorciò il passo e prese per mano Luisa. Aveva intravisto non molto lontano una figura che le destò immediatamente una certa inquietudine: una donna di colore, alta, prestante e seminuda, che stava trafficando vicino a un grande ulivo. Era pomeriggio inoltrato, ma il parco era ancora inondato da una luce piuttosto limpida. Anila indicò la donna a Luisa. In quel punto del parco lavorano moltissime prostitute, l'educatrice lo sapeva, ma aveva pensato che a quell'ora non ce ne fossero «in servizio». Per un attimo fu in imbarazzo, però continuò a camminare e così passarono davanti a quella figura nera, seminuda e triste, senza dire una parola.

Anila non riusciva a staccarle gli occhi di dosso e, dopo alcuni secondi di silenzio, chiese: «Cosa fa quella signora lì?».

Luisa non sapeva davvero cosa rispondere, anche se si aspettava questa domanda. Doveva nasconderle la verità o no? Considerando ciò che doveva aver visto in quegli anni, forse Anila poteva capire. Così cercò di spiegarle la realtà nel modo più delicato possibile. E concluse: «Quando io ti dico che non devi scappare, che devi stare attenta, è per questo. Noi vogliamo evitare che qualche persona cattiva ti prenda e ti obblighi a fare la stessa cosa».

«Io no! Io non potrei mai fare una cosa del genere... Che vergogna!!!» rispose la bimba, che appariva abbastanza turbata.

«Ed è anche questo il motivo per cui ci stanno mettendo così tanto tempo a trovare il foglio di carta che serve a mandarti dalla tua mamma.»

«Ma scusa, e perché queste donne non scappano?»

«Perché le minacciano. Le persone che le hanno prese sono molto cattive.»

Nei giorni successivi, le suore organizzarono due sorprese alla piccola Anila. Tramite un giro complicatissimo, riuscirono a trovare una donna della Costa d'Avorio bravissima a fare le extension ai capelli. Nel suo campo era una vera celebrità, a Ballarò e dintorni. La convocarono in istituto e le spiegarono la situazione. Le dissero di Anila e del trauma che, secondo loro, doveva aver vissuto nel carcere in Libia. E le raccontarono che ogni volta che doveva entrare in un nuovo ambiente si toccava i capelli corti e si metteva a piangere. Loro avevano provato a farglieli sistemare da una parrucchiera locale, ma non c'era niente da fare, quell'acconciatura la metteva a disagio e questo fatto si stava rivelando un problema di natura psicologica più grosso del previsto. L'ivoriana non esitò un solo istante. A differenza delle suore, che potevano solo aver intuito la portata del dramma dei capelli per Anila, lei vi partecipava con trasporto assoluto. Avrebbe fatto quel lavoro gratis, spiegò, garantendo un ottimo risultato.

Il giorno stabilito, quando Anila tornò da scuola, con suo gran stupore la trovò pronta all'opera. La donna cominciò il trattamento e dopo un paio d'ore la testolina nera della bambina era piena di capelli lunghissimi intrecciati fra loro e di perline di ogni colore. Raccontano le suore che fino a quel momento mai l'avevano vista tanto felice e sorridente, nemmeno al ritorno dal suo primo giorno di scuola.

E di quella enorme felicità ho un ricordo nitido anch'io perché, pochi secondi dopo essersi specchiata al termine del trattamento, pretese di fare una videochiamata e di mostrarmi la sua nuova acconciatura. In effetti, era bellissima. E io, nel vederla così felice, non riuscii a trattenere le lacrime. Che scena doveva essere, osservata dall'esterno: un vecchio medico di Lampedusa che si commuove per una bimba che si è fatta fare le treccine. Per fortuna che sul telefonino le lacrime non si vedono bene, almeno spero.

Quella non era, però, la sola sorpresa che le suore avevano organizzato per la loro Anila. Proprio la stessa mattina, la questura e i servizi sociali di Palermo avevano infatti comunicato che, per loro, madre e figlia potevano fare una videochiamata al giorno, di durata prestabilita, a patto che alla videochiamata in Francia assistesse un operatore dell'associazione e in Italia qualcuno dell'istituto. Era una piccola precauzione utile a fugare gli ultimi dubbi residui sulla reale identità di Carla.

E così, quella sera, era prevista la prima videochiamata con Marsiglia. Anila era entusiasta. Suor Letizia e suor Teresa altrettanto. Tra le extension e la telefonata alla mamma erano convinte di aver piazzato due colpi eccezionali e che, insomma, di lì in avanti sarebbe stato tutto molto più facile.

La prima videochiamata fu memorabile. Fino ad allora madre e figlia avevano parlato solo dopo la prima telefonata di Monique a me, poi mai più. Anila era così vicina allo schermo del computer che per poco non ci entrava dentro. Le suore mi raccontarono che per parecchio tempo nessuno, né la bimba né la mamma, proferì parola. Poi cominciarono a piangere tutti, poi di nuovo rimasero in silenzio. Infine, Carla – che era stata istruita da Monique – prese in mano la situazione e cominciò a parlare. Nessuno capì bene che cosa si stessero dicendo. E nessuno riuscì neppure a immaginarlo. Cosa ci si dice in una situazione del genere? È chiaro che una madre vorrebbe sapere tutto quello che è successo alla figlia, ma quali sono le parole giuste, il tono giusto per chiederlo? Entrambe avevano visto e passato cose indicibili, affrontato sfide al confine con il sopportabile, ciascuna con il pensiero fisso di ritrovare, un giorno, l'altra, e adesso erano lì davanti a uno schermo, che quasi si potevano toccare.

Poi, da un angolino dell'inquadratura, spuntò una testolina riccia. Era Benedict. Ad Anila avevano già parlato varie volte di quel suo «nuovo» fratellino, e lei era entusiasta dell'idea di conoscerlo. Così, non appena lo vide sbucare fuori dallo schermo, cominciò a battere le mani e a ridere come fa un bambino a Natale davanti a un regalo tanto desiderato.

Quando la videochiamata finì, sul volto della bambina rimase stampato un sorriso largo così. Ma nonostante ciò, fu in quel preciso istante che le due suore ebbero il sospetto che le cose non si sarebbero messe meglio nei giorni a seguire. Perché la prima richiesta che lei fece fu di parlarmi. Voleva sapere quando poteva partire per Marsiglia. E la risposta, naturalmente, fu ancora una volta la stessa.

Come avevano sospettato suor Teresa e suor Letizia, i giorni successivi furono l'opposto di quanto noi tutti speravamo. La telefonata aveva rovesciato su Anila un'inquietudine selvaggia. Era nervosa, irrequieta. Bastava niente perché gridasse come una posseduta. E a differenza di quanto era accaduto fino ad allora, faceva fatica a controllarsi e finiva per spaventare anche gli altri bambini della comunità.

Qualche pomeriggio dopo, Anila sembrava di nuovo sparita. Non era in cortile, non era nella sala comune, così Luisa provò a cercarla in camera sua e quando aprì la porta la trovò che armeggiava con una sciarpa. Se l'era passata intorno al collo e adesso stava provando a fissarla intorno alla maniglia della finestra.

«Che stai facendo?» urlò fortissimo l'educatrice.

La bambina affrettò i movimenti cercando di stringere bene il nodo prima di saltare giù dalla finestra, ma Luisa fu più veloce di lei e riuscì ad afferrarla e a sfilarle la sciarpa dal collo.

«Ma sei impazzita?»

«Voi mi prendete in giro. Mi tenete qui. Voi siete cattivi. Senza la mamma, la mia vita non ha senso. Dio mi perdonerà» replicò la bimba.

Intanto piangevano entrambe. In quei pochi istanti, Luisa vide tutto il suo lavoro svanito. Non aveva la forza di ricominciare da capo, di spiegare alla piccola che non era vero, che la Francia... l'Italia... Ma non poteva neppure pensare di lasciare le cose in quel modo. Chissà quanto tempo ancora sarebbe dovuto trascorrere prima che un aereo portasse la bimba dalla sua mamma. Anila aveva più che mai bisogno di aiuto.

XIV

L'epidemia

Anila aveva bisogno di aiuto. E io ero l'unico che poteva darglielo. L'indomani volai di buon'ora a Palermo. Non mi piaceva affatto la piega che stava prendendo la faccenda. Le pratiche per la regolarizzazione di Carla erano ferme, di conseguenza anche quelle per il ricongiungimento, e la bambina stava letteralmente impazzendo. Dovevo andare a tranquillizzarla, parlare con lei, spiegarle che non la stavo prendendo in giro, che avrei mantenuto la mia promessa.

Lo spettacolo del mare che separa Lampedusa dal continente, quella mattina, non riuscì a tranquillizzarmi, come invece succede di solito. Era agitato come soltanto il Mediterraneo sa esserlo, con le sue onde così brevi, violente e nervose, ravvicinate. Le guardavo dall'alto, incorniciate dall'oblò dell'aereo, e mi sembrava di sentire il rumore del vento che le scuoteva. Contemplavo quello spettacolo da diecimila metri di altezza e continuavo a fare pensieri sempre più cupi. Quante vite si era portato via il Mediterraneo? Quanto dolore aveva provocato? Per gran parte delle persone, per chi non ha la fortuna (o la sfortuna) di fare un mestiere come il mio, di stare a contatto con loro, il dramma dei migranti oggi è diventato solo un titolo da copertina, una manciata di parole, un bel racconto per immagini al tg delle venti, poco prima della cena e dello show serale. Niente di più.

È successo come con certi antibiotici, a forza di assumerli non funzionano più. Il corpo si adatta, i batteri si fanno più resistenti, si selezionano, le difese immunitarie si abbassano e, nel frattempo, le infezioni dilagano e diventano epidemie. Con i migranti funziona allo stesso modo: a forza di sentire quelle parole, di vedere quelle fotografie e quei video, ci si abitua, si cade nell'errore di ridurre tutto, appunto, a video, fotografie e parole. Si finisce per dimenticare che davanti agli obiettivi, in mezzo al mare, sugli scogli, a bordo delle motovedette, ci sono persone. Padri, madri, figli. Uomini, donne, bambini. Unici e preziosi come ogni essere umano. Con dei legami, dei sentimenti, dei ricordi e delle prospettive. Nomi e cognomi, e storie.

Proprio come per noi e per i nostri amici e parenti, dietro ciascuna delle persone inquadrate c'è una comunità che li ha visti nascere, crescere e partire. E che adesso aspetta loro notizie, da qualche parte nel mondo, ogni sera. Quei barconi affollati, abbandonati in mezzo all'acqua, sono invece per noi, ormai, delle identità collettive. Un «oggetto» unico, fatto di un'imbarcazione e cinquecento ombre, nessuna delle quali è più capace di suscitare la curiosità, l'empatia, la pietà che ogni essere umano deve pretendere dagli altri.

Osservavo il Mediterraneo sbattere contro se stesso in quel modo tumultuoso, diecimila metri sotto le ali, e pensavo a quante volte, negli anni, persino io sono caduto nell'errore di catalogare tutte quelle persone con le definizioni burocratiche: «migranti», «rifugiati», «immigrati», «extracomunitari», «richiedenti asilo». Categorie impersonali, insufficienti e dannose, che hanno finito per atrofizzare il nostro cuore. A forza di usare quelle espressioni, di ridurre ogni dramma alla propria definizione abbiamo finito per appiattire tutto.

I nostri organismi si sono assuefatti, le nostre difese immunitarie abbassate, e l'infezione del disinteresse, dell'inumanità è dilagata.

Giunsi a Palermo di pessimo umore. Non riuscivo a togliermi dalla testa questi pensieri e dalle orecchie la voce trasformata di Anila che mi insultava, mi dava del bugiardo, invocava l'aiuto di Dio e minacciava il suicidio.

Quella bambina era disperata. Per un istante provai a pensare alla sensazione di panico costante che doveva provare: non si fidava di nessuno oltre me, e adesso cominciava a dubitare anche di me.

La sera che era sbarcata a Lampedusa, doveva aver pensato di essere arrivata a destinazione. Noi del resto, mascherandoci dietro il più rassicurante dei sorrisi, mentre la medicavamo e le offrivamo dei biscotti le avevamo detto che l'incubo era finito, che avrebbe riabbracciato la mamma e che la vita per lei, da quel momento in poi, sarebbe stata bellissima.

E invece non era vero. Di colpo Anila doveva essere precipitata di nuovo nell'incubo del suo viaggio interminabile. I grandi non avevano finito di farle del male, di tenerla prigioniera. Per questo continuava a elaborare piani di fuga.

Dall'aeroporto corsi in taxi all'istituto. Quando arrivai trovai suor Letizia e suor Teresa particolarmente agitate. Le avevano provate tutte, ma la bambina, invece di tranquillizzarsi, con il tempo diventava sempre più intrattabile e diffidente. Adesso era nella sua stanza. Chiesi di vederla subito, e rimasi in attesa.

La sua educatrice, in quei lunghi minuti, mi confermò che, mentre all'inizio Anila non aveva avuto nessun problema a relazionarsi con gli altri bambini, piano piano stavano affiorando nuove impreviste difficoltà. Quel suo modo di fare così altalenante aveva cominciato a infastidire gli altri ospiti della comunità, che adesso ne avevano paura e in sua presenza assumevano comportamenti innaturali per non farla arrabbiare. Presto, mi disse, questa cautela avrebbe lasciato il posto ad altri sentimenti, insomma, avrebbero potuto cominciare a emarginarla. Inoltre Anila, che all'inizio si era dimostrata non solo curiosa e disponibile, ma anche protettiva nei confronti degli altri, adesso era diventata più schiva, appartata. Era come se proiettasse sui suoi coetanei la sfiducia che nutriva verso gli adulti.

La stessa identica cosa stava succedendo a scuola, dove la bambina cominciava ad avere qualche problema. A parte la sua amica Margherita e un altro gruppetto di ragazzine particolarmente aperte dal punto di vista culturale, non legava più con nessuno. Ed era un vero peccato, perché tutte le maestre concordavano sul fatto che fosse decisamente dotata e avesse voglia di imparare, specie le materie scientifiche. Non so perché, ma il dettaglio delle materie scientifiche mi intenerì particolarmente. Non potei non pensare a quante possibilità la vita avesse negato a quella bimba. Chissà, se invece di essere abbandonata in Niger avesse potuto frequentare una buona scuola, se invece di dover attraversare mezzo pianeta per ritrovare la sua famiglia avesse potuto studiare come tutti i nostri bambini… chissà che cosa avrebbe potuto fare.

Suor Teresa scese dopo pochi minuti. Aveva un'espressione imbarazzata. Non sapeva come dirmelo. Cominciò a balbettare qualcosa, ma io avevo già capito: Anila non voleva vedermi, non si fidava più di me. Oppure, come dicono i bambini della sua età, «non mi voleva più bene». Si era chiusa a chiave nella stanza e non voleva che la disturbassi.

Del resto, me lo aveva fatto capire chiaramente la sera precedente al telefono. Non so se fosse vero, credo di no, però so che mi sentii ferito. Anila girava il coltello nella ferita della mia impotenza.

Suor Letizia propose di andare su lei a cercare di convincerla, o di mandare Luisa, ma non aveva senso. Anila aveva ragione. Io le avevo detto che l'avrei riportata dalla sua mamma, lei si era fidata di me, e in quattro mesi non ero riuscito a fare altro che ripetere: «La prossima settimana…».

La prossima settimana un cavolo. Erano state parole al vento, le mie. E poi, sinceramente, anche in questo momento che cosa le avrei potuto dire di diverso da «la prossima settimana»? La verità è che non avevo nulla da aggiungere, se non «Abbi pazienza, sto provando a inventarmi qualcosa». E non avevo il coraggio. Non avevo il coraggio di guardare i suoi occhioni neri e puliti e provare a convincerla che era del tutto normale, che non poteva raggiungere la sua famiglia per colpa di un foglio di carta che un tal signore che lavora in un posto che si chiama Dublinet, in una città che si chiama Parigi, non vuole dare alla sua mamma, perché la sua mamma fa la prostituta e non può denunciare i suoi sfruttatori.

«No, madre, lasci perdere... Non credo sia una buona idea forzare Anila. Tornerò tra qualche giorno, magari nel frattempo cerco di rimediare qualche notizia concreta, così la tranquillizziamo.»

Me ne andai ancor più di cattivo umore di quando ero arrivato. E subito cominciai a pensare a una soluzione. Dovevamo cambiare passo. Se avessimo continuato così, con Palermo che aspettava Roma che aspettava Parigi che aspettava Marsiglia che aspettava che Carla si decidesse a fare qualcosa che non poteva fare, cioè denunciare tutto il giro che la teneva prigioniera senza avere nessuna garanzia né per lei né per i suoi figli, se avessimo continuato così, non avremmo combinato niente.

Dovevo inventarmi qualcosa, dovevo scavalcare le procedure. Lo so che le corsie preferenziali sono sempre brutte, ambigue, vischiose, ma non avevo altra scelta. Anila stava impazzendo. E adesso che non si fidava più di me, non le era rimasto nessun altro su cui fare affidamento. Quindi dovevamo aspettarci qualche gesto estremo, una vera fuga, o peggio.

Mentre tornavo a Lampedusa in aereo, decisi di giocare la carta della disperazione. Presi carta e penna e cominciai a buttare giù due righe.

Santo Padre,

è a lei che mi rivolgo con umiltà per chiederLe di aiutarmi a risolvere un caso molto particolare.

Mi chiamo Pietro Bartolo e sono un medico di Lampedusa. Da ventisei anni mi occupo di accogliere e curare tutti i migranti che arrivano sull'isola. Di solito cerco di risolvere tutti i loro problemi senza disturbare nessuno, ma questa volta non riesco a risolvere il caso malgrado abbia già interessato diverse figure istituzionali che potevano fare qualcosa in merito. Ma anche loro hanno avuto delle difficoltà a trovare idonee soluzioni. Ecco perché mi rivolgo a Lei, che tanto ha fatto e sta facendo per queste povere persone.

Si tratta di una bambina di 11 anni, Anila, che circa quattro mesi fa è arrivata dalla Nigeria, da sola, a Lampedusa, dopo un viaggio durato più di un anno durante il quale è stata abusata, seviziata e ha subìto ogni violenza.

All'arrivo, quando l'ho visitata la prima volta, stava molto male. Soprattutto l'ho trovata devastata dal punto di vista psicologico ed era affetta anche da quelle ormai note terribili ustioni chimiche da carburante.

L'ho tenuta per due giorni presso il poliambulatorio di Lampedusa, con la mia continua assistenza, dove oltre che cercare di curarla abbiamo cercato di darle quell'affetto di cui aveva molto bisogno.

Anila ci dice che è venuta per cercare la mamma, che l'aveva lasciata in Niger con la nonna, quando era piccola, per andare a lavorare in Europa, ma non sa dire dove di preciso. Dopo la morte della nonna ha vissuto di stenti e di elemosina fino a quando ha deciso anche lei di partire.

Dopo due giorni presso il nostro poliambulatorio, ho provveduto a trasferirla con l'elicottero di soccorso presso il centro ustioni di Palermo, per le più appropriate cure del caso.

Alla guarigione delle ferite fisiche, è stata trasferita presso un piccolo istituto, una casa-famiglia di Palermo, gestito dalle suore che amorevolmente ancora oggi si prendono cura di lei.

Nel frattempo sono riuscito dopo numerosissimi contatti telefonici a rintracciare la mamma della bambina, Carla, che vive a Marsiglia, in Francia, e sono riuscito a metterle in contatto.

Le autorità competenti hanno iniziato l'iter burocratico per il ricongiungimento familiare e finalmente dopo tutto questo tempo le pratiche sono arrivate presso l'ufficio Dublinet. Questo ufficio si trova a Parigi, e cura le pratiche per il ricongiungimento familiare secondo il Trattato di Dublino.

Nel contempo attraverso un'associazione che opera a Marsiglia, la cui responsabile è una ragazza che si chiama Monique, è stata presentata l'istanza di richiesta di asilo per la mamma Carla, in quanto dopo tanti anni ancora non risulta regolarizzata. Purtroppo la prima richiesta ha dato esito negativo, perché la mamma di Anila è stata costretta dai suoi aguzzini a prostituirsi.

Adesso lei ha smesso perché non vuole fare la prostituta.

Anche oggi ho visto Anila, è disperata, piange giorno e notte, non vuole più vedermi perché è convinta che la stiamo prendendo in giro, e minaccia di suicidarsi.

Tutto ciò, Santo Padre, è disumano. È disumano che una bambina così piccola, dopo tutto quello che ha subito e visto, dopo un viaggio tanto terribile in cui ha rischiato di morire, una volta arrivata in Europa non possa stare con la mamma.

Santità, le chiedo con il cuore in mano: aiuti questa creatura.

Confido nella Sua grande umanità e umiltà.

Le voglio bene

Pietro Bartolo

Appena atterrato, corsi nel mio studio al poliambulatorio e trascrissi la lettera. Poi ne feci una versione anche per il presidente della Repubblica. E la mattina dopo, di buon'ora, andai in posta a spedirle.

XV

Guernica

Confidavo molto in quel gesto. Avevo avuto l'occasione di incontrare sia papa Francesco sia il presidente Mattarella e, per quanto i nostri rapporti si siano sempre sviluppati nell'ambito di circostanze ufficiali, posso dire che mi sono sembrate due persone straordinarie. In comune hanno una capacità di comprendere e di creare empatia davvero unica. Ero abbastanza sicuro che qualcosa avrebbero fatto. Comunque non ero intenzionato a rimanere fermo immobile in attesa di un loro riscontro, avrei continuato a sbattermi per Anila, ma sapevo – o, meglio, speravo – che prima o poi qualcosa di buono grazie a quelle due lettere sarebbe successo.

La mattina andai al poliambulatorio un po' più rasserenato. C'era però un'altra cosa che dovevo fare quanto prima: parlare con suor Letizia. Volevo condividere con lei le mie preoccupazioni per l'incolumità di Anila. Così la pregai di prestare particolare attenzione alla bambina. Mi rispose che avrebbe chiesto a Luisa di essere il più presente possibile.

Da quel giorno, infatti, l'educatrice divenne l'ombra di Anila. Ovunque andasse, qualunque cosa facesse, Luisa era lì a sostenerla, a parlarle. Da subito si accorse che in effetti la bambina era particolarmente turbata. Con discrezione e tatto, cercò di capire quali pensieri si affollassero nella sua mente scossa, e si rese conto che a poco a poco avevano cominciato a riaffiorare dal passato i fantasmi dei mesi precedenti. Probabilmente, spiegò a suor Teresa, quei pensieri oscuri e terrificanti erano sempre stati nella sua testa, ma era come se, adesso che aveva imparato meglio l'italiano e dunque aveva la possibilità di comunicarli, ci dovesse di nuovo fare i conti, dovesse rielaborarli. E l'operazione non era semplice, né priva di sofferenze. Dormiva male, Anila. Assalita da incubi tremendi che alla mattina non aveva voglia di raccontare, pur sentendone la necessità. E vicino a lei c'era sempre Luisa, che cominciò ad annotare ogni sua parola, ogni brandello di ricordo.

Quegli incubi erano la porta d'accesso al racconto di tutto ciò che di terribile Anila aveva visto e vissuto. Orrori d'ogni genere che il suo cervello di bambina aveva cercato di rimuovere e che in quel momento di fragilità tornavano a galla, come i relitti dei naufragi, alla rinfusa.

Il tema più ricorrente di quello strano informe miscuglio di sogni e ricordi erano i capelli. Forse anche perché era l'argomento più semplice di cui parlare. Anila era tormentata dall'immagine degli uomini che, armati di coltelli, le avevano tagliato i capelli. Era successo dentro le gabbie del carcere libico. Erano in tre: due la tenevano ferma, il terzo, con una mano tirava forte le ciocche per tenderle e con l'altra tagliava. Li avrebbero venduti, le aveva spiegato uno dei detenuti.

Non era solo per il dolore che Anila piangeva, ma anche per l'umiliazione. Umiliazione che sembrava provare ancora adesso mentre raccontava. Partendo da lì, Luisa cercò di scavare un po' più a fondo, pur senza insistere troppo, dentro quell'argomento. Parlare, raccontare qualcosa di ciò che le era successo le avrebbe fatto bene.

Cominciò così a chiederle cosa ricordasse di quel viaggio tanto lungo che aveva deciso di intraprendere quando i «nonni» di Agades non si erano più potuti occupare di lei. Anila faceva fatica a raccontare, si vedeva che aveva voglia di condividere, di liberarsi di quanto le era successo, ma non riusciva a organizzare un vero e proprio resoconto. Solo immagini. Ecco quello che riusciva a comunicare: immagini e frammenti di storie. Dai quali era possibile risalire al contesto e alle emozioni che doveva aver provato. Fu un lavoro penoso e complicato, che Luisa svolse con un amore e una sensibilità senza pari. E ne venne fuori una specie di Guernica di parole.

Quando morì l'anziana signora che la cresceva in Niger, i due fratelli maggiori di Anila se ne erano già andati, e il marito della donna, anche a causa dell'età avanzata, decise che non avrebbe più potuto prendersi cura della bambina, che così si ritrovò sola. Completamente sola. A 9 anni.

Per alcune settimane Anila visse di elemosina. Ma Agades è una città povera, un punto di raccolta per i disperati che da tutta quell'area dell'Africa si concentrano lì prima di partire per la grande traversata del Sahara. Con l'elemosina non si sopravvive, per questo capitava spesso che la piccola passasse giornate intere senza mangiare o bere.

Un giorno fu avvicinata da un uomo. Un signore di cui non riuscì a fornire alcuna descrizione. Inutile fare domande, chiedere da dove fosse spuntato, chi l'avesse mandato. Niente. L'unica cosa che lei riuscì a dire di quest'uomo è che le propose di fare il viaggio verso l'Europa. Anzi verso l'Italia, per l'esattezza. «Mi spiegò che una volta arrivata qui da voi, avrei certamente ritrovato mia mamma.»

Così Anila decise di partire. È chiaro che l'uomo aveva dei progetti ben diversi per la bambina. Con ogni probabilità il suo destino era quello di finire nel giro della prostituzione, più facilmente in Libia, dove c'è un mercato fiorente riservato alle minorenni di colore. Non sono considerati esseri umani, i neri, in Libia. E, da quelle parti, fare la prostituta è forse il destino migliore per una bambina nigeriana.

Già molto tempo prima di morire, l'anziana signora aveva costretto tutti e tre i fratelli a imparare il numero telefonico che la loro mamma le aveva lasciato prima di partire e con il quale riusciva a organizzare le sempre meno frequenti telefonate intercontinentali. Questa precauzione si sarebbe in seguito rivelata decisiva.

Anila non raccontava null'altro di quei giorni in Niger. Così come raccontava pochissimo della traversata del deserto. Aveva molta sete, sempre. Non fame, sete. Doveva aver finito le scorte d'acqua subito dopo aver intrapreso il viaggio. E anche i suoi compagni dovevano trovarsi in una situazione simile, così Anila non beveva abbastanza. Il suo corpo cominciò rapidamente a indebolirsi. Astenia, allucinazioni e vertigini sono i sintomi tipici della disidratazione. Lei li aveva tutti. Poi cominciò a salirle la febbre. Aveva mal di testa e il cuore che batteva più forte del solito. Ma soprattutto, raccontò a Luisa, le facevano male le labbra. La pelle si era lacerata, e da giorni ormai usciva il sangue.

Una mattina, non fu in grado di spiegare né quando né dove, vide il corpo di un uomo in terra. Sotto la sua testa si allargava una pozza di un qualche liquido non meglio definito. «Non era sangue, però. Di questo ne sono sicura.»

Anila aveva talmente tanta sete che si mise a carponi e cominciò a bere quel liquido. Venne fermata da qualcuno, che per pietà poi le offrì dell'acqua: «Ma gridava così forte che mi spaventò».

A giudicare dalle reazioni alle domande di Luisa, il periodo che doveva aver maggiormente terrorizzato Anila era stato quello della detenzione in Libia. Lì, più della sete, aveva sofferto la fame. Non mangiava quasi mai, e come lei gli altri detenuti. Nella grande cella in cui la tenevano prigioniera erano in molti. Una volta alla settimana portavano un grosso recipiente pieno di riso e nella grande ressa che si scatenava finiva sempre che lei, la più piccolina di tutti, non riusciva a mangiare niente o quasi.

A un certo punto era talmente dimagrita che una delle guardie si intenerì – o, forse, molto più egoisticamente non voleva che la bambina morisse mentre era affidata al suo controllo – e si organizzò per portarle ogni tanto, di nascosto, un sacchetto pieno di farina cruda che Anila mangiava a manciate, voracemente, finché riusciva.

Luisa ascoltava incredula quei racconti tremendi, in genere dopo qualche risveglio burrascoso. O dopo qualche crisi di pianto. Immaginare Anila, che adesso era lì con lei, vestita di tutto punto, con le sue treccine colorate e gli occhi gonfi di lacrime, a quattro zampe che beve da una pozza vicino a un cadavere, o che mangia manciate di farina, disperata per la fame, le stringeva la gola e le toglieva il fiato.

C'era un'altra cosa, di quel periodo, che Anila ricordava con ancor maggiore difficoltà e paura: la violenza. Subita e vista. Nei momenti più bui, quando era in preda al panico, raccontava spesso di uomini cattivi e di coltelli. Ne aveva incontrati tanti, diceva. E aveva visto molti suoi compagni di viaggio morire con una lama nella pancia. «Li ammazzavano così, davanti a me e io...» e non riusciva a terminare la frase.

Poi l'incubo finì all'improvviso. Lei non aveva la minima idea di cosa le stesse accadendo. Di cosa volessero da lei quegli uomini che la liberarono e la caricarono su un pick-up. Ormai era stremata e priva di volontà.

La portarono in una grande stanza non lontana dal mare e la lasciarono lì per giorni. Forse avrebbe potuto scappare, ma non ne aveva la forza e, soprattutto, non aveva idea di che cosa fare una volta scappata. Così aspettò, come le avevano ordinato. E, infine, la imbarcarono. Il barcone era vecchio e malmesso. E lei, bambina e sola, fu incastrata nel vano motori. «Faceva un caldo tremendo lì dentro e non si respirava. Però non si stava poi così male come nella gabbia» spiegò a Luisa.

Tutti quei racconti, quelle confidenze così dolorose, avevano ormai creato un legame saldissimo tra la bambina e la giovane educatrice. E questo fu una fortuna. Perché Anila aveva un disperato bisogno di punti di riferimento in un momento tanto delicato; mentre dubitava di tutto, anche di me, aveva almeno una persona che le ispirava fiducia. Raccontare i propri segreti, le proprie paure, produce sulle persone effetti insospettabili. Così Luisa non fu stupita quando la piccola Anila la chiamò nella sua stanza perché le voleva parlare ancora un po'.

Si accomodarono sul letto e cominciarono a discorrere di cose frivole, della scuola, di Margherita, poi l'educatrice pensò che la bimba arrivasse al punto. Ma lei continuava a parlare del più e del meno in un modo strano, incomprensibile. «Volevo ringraziarti» le disse «per tutto ciò che stai facendo per me. Quando sono triste fai sempre in modo di aiutarmi, passi un sacco di tempo con me...» Luisa le sorrideva, cercando di farle capire anche solo con lo sguardo che quanto faceva non le costava alcuna fatica e che, anzi, era contenta. «Tu» riprese Anila dopo una lunga pausa «mi hai dimostrato che Dio non è morto.»

La giovane donna rimase molto colpita da quell'espressione, che assomigliava a quella sentita molto tempo prima in una canzone pescata tra i vecchi dischi di casa sua. Era una canzone che parlava di campi di sterminio e miti della razza. E le piaceva. Così trovò la coincidenza davvero straordinaria. Si avvicinò alla bimba per abbracciarla. E mentre si appoggiava al letto, sentì sotto il cuscino qualcosa di strano. Lo sollevò incuriosita e trovò un coltello. Anila doveva averlo rubato dalla cucina.

Alzò lo sguardo verso la bimba, che adesso la fissava impaurita. «Che vuoi farci con questo?»

«Dio non è morto» ripeté la piccola, con tutt'altra espressione.

«Anila...»

«Mi perdonerà. Ma la mia vita non ha più senso senza la mia famiglia».

XVI

Il sorriso di una madre

Di fronte a quell'ennesima prova di quanto la situazione fosse complicata, le suore furono costrette, loro malgrado, a chiamare la polizia. Non potevano assumersi una responsabilità così grande. E poi speravano che vedendo gli uomini in divisa, i lampeggianti sulla macchina, sentendo le sirene, Anila un poco si spaventasse e decidesse di cambiare comportamento in futuro.

Chiamarono anche me. Mi raccontarono tutto, gettandomi nell'angoscia più profonda. Quella notte dormii malissimo. Cominciavo a sentirmi schiacciato dal peso che mi ero caricato sulle spalle. E se le fosse successo qualcosa? E se la prossima volta il tentativo di Anila fosse andato avanti fino alle sue estreme conseguenze?

All'alba telefonai a Monique. Le raccontai di quegli ultimi giorni e dell'angoscia che mi stava devastando. Come al suo solito, lei fu dolcissima. Mi ascoltò. Dimostrò una capacità di comprensione fuori dal comune, poi mi chiese cosa ne pensavo se avessimo provato a coinvolgere un po' di più Carla nella gestione della bimba. Ormai lei parlava spesso via Skype con la figlia, certamente avrebbe potuto darci una mano.

Fino a quel momento avevamo evitato di raccontarle troppi dettagli, perché la donna era già tormentata da parecchi sensi di colpa. Da ormai un paio d'anni frequentava assiduamente lo studio di una psicologa – glielo aveva consigliato Monique – con la quale si confrontava sui temi legati a quanto le era successo negli ultimi anni. In particolare gravava sulla sua biografia il peso insopportabile della madre di tutte le scelte che era stata costretta a prendere in Niger, suo malgrado: abbandonare lì i suoi tre figli. In confronto a quel peso, la fatica e l'umiliazione del lavoro quotidiano di prostituta erano niente.

A dire il vero, da diversi mesi Carla aveva smesso di andare in strada. La discreta caparbietà di Monique aveva avuto la meglio su tutto, sulla paura del vudù, sull'organizzazione, sul debito che la donna «sentiva» di dover ancora pagare. Una volta saputo che tutti i suoi figli erano ormai al sicuro – Benedict protetto dall'associazione, Anila nell'istituto delle suore, e i due maschi più grandi ormai in Europa –, Carla si era lasciata convincere a smettere di prostituirsi. Adesso lavorava come collaboratrice domestica e aspettava che la pratica di ricongiungimento andasse in porto.

Le restava, però, quel grande nodo da sciogliere. Il senso di colpa per aver lasciato i suoi figli in Niger. Ne parlava tutti i giorni con la psicologa, e non c'era niente che potesse convincerla che aveva fatto la scelta migliore.

L'idea di Monique di coinvolgerla nella gestione di Anila era una mossa che andava nella direzione di aiutare entrambe. La bambina avrebbe potuto capire che nessuno la stava prendendo in giro, che noi non stavamo tenendo «prigioniero» nessuno – questa era l'ultima delle sue paranoie – e che era tutto vero, prima o poi saremmo riusciti a farle tornare insieme; e la donna avrebbe potuto sentirsi utile, ricominciare a svolgere in maniera attiva e profonda il suo ruolo di madre.

Monique cominciò a parlarne a Carla, che si mostrò da subito molto disponibile, quasi entusiasta. Io spiegai la cosa a suor Letizia e suor Teresa, e come prevedibile non ci furono obiezioni. Così, pochi giorni dopo la nostra telefonata, Anila e Carla cominciarono a parlare di quello che stava succedendo, delle difficoltà burocratiche, del fatto che bisognava avere pazienza.

Monique mi raccontava che la povera Carla faticava moltissimo in quel periodo. Tra le sedute con la psicologa e la preparazione agli «incontri» con la figlia, era sempre stanchissima. La cosa più difficile, le confidava la donna, era riuscire a non piangere durante le videochiamate. Si era ripromessa di non fare nulla che potesse mettere in ansia Anila e così sorrideva sempre. Ma quel sorriso era il risultato di uno sforzo sovrumano. E, appena la videochiamata finiva, scoppiava in un pianto disperato.

Gli incontri seguivano sempre una specie di copione. Prima di collegarsi Carla aveva bisogno di qualche minuto di concentrazione, respirava a fondo, poi quando era pronta chiamava. Innanzitutto madre e figlia pregavano insieme. Accendevano una musica sul telefonino e al ritmo di quella musica rivolgevano i loro inni a Dio. Poi parlavano: Carla cercava di tranquillizzare Anila spiegandole che, certo, la situazione era un po' complicata, ma presto sarebbero state di nuovo insieme. Le raccontava di Marsiglia, di Benedict e del nuovo marito, a cui la bambina era molto affezionata perché si ricordava di quando lui dalla Nigeria andava a trovarla ad Agades, prima che la «nonna» morisse. Sarebbero presto stati tutti insieme e avrebbero cercato anche i suoi due fratelli maggiori.

Anila per lo più ascoltava, ma ogni tanto raccontava alla madre gli incubi che faceva, i ricordi della prigionia in Libia e, insomma, più o meno le stesse atrocità che aveva raccontato a Luisa. A ogni parola pronunciata dalla figlia era come se Carla ricevesse una coltellata. Quale mamma può sopportare un simile strazio? Inoltre Carla non poteva nemmeno abbracciare Anila per tranquillizzarla, per dirle che era tutto finito, che adesso c'era lì lei e non doveva più temere nulla.

Quegli incontri erano molto duri dal punto di vista emotivo anche per Monique che, pur non capendo la loro lingua, si rendeva perfettamente conto di quanto la situazione fosse drammatica. E toccava a lei – per una sorta di tacito accordo con Carla – di interrompere la conversazione prima che la donna crollasse e scoppiasse in lacrime.

Non furono settimane facili. E mai come in quel periodo mi resi conto di quanto fosse vero ciò che avevo pensato pochi giorni prima sull'aereo da Lampedusa a Palermo. Prima di essere «immigrati», «rifugiati», «migranti economici», «richiedenti asilo», prima di essere qualsiasi altra cosa, queste persone che arrivano da noi sono uomini, donne e bambini. Con le complessità e le emozioni di tutti gli altri esseri umani.

Purtroppo le cose non andarono come speravamo Monique e io, semmai al contrario. Proprio come era successo dopo le prime chiamate con la mamma, quella finta vicinanza innescò solamente effetti paradossali. Carla non riuscì a tranquillizzare Anila, che rimase sostanzialmente convinta che la stavamo tenendo prigioniera, lontana dalla sua famiglia. E al tempo stesso Anila gettò addosso a Carla una cupa disperazione. Un sentimento che veniva aggravato dalla consapevolezza che quella situazione era la conseguenza diretta di una sua scelta.

Secondo la psicologa, questa era solo una prima, inevitabile fase della loro nuova relazione. Avevano entrambe bisogno di quel passaggio. Certo, sarebbe stato meglio avvenisse dal vivo e non attraverso un computer, ma sicuramente tutto sarebbe migliorato con il tempo.

Fatto sta che a Palermo, dentro l'istituto, Anila continuava a essere un problema. I suoi scatti d'ira erano ormai sempre più frequenti e le suore non sapevano come intervenire, come comportarsi con lei.

Persino Luisa faticava a starle dietro. La settimana peggiore fu quella in cui Carla annunciò alla figlia che per qualche giorno non avrebbe potuto chiamarla. Doveva recarsi a Parigi a fare alcuni documenti e quindi non si sarebbero sentite. La notizia sprofondò la piccola in uno stato davvero preoccupante. Nonostante le rassicurazioni che sia la madre sia le suore dell'istituto continuavano a darle, Anila non era affatto convinta di quanto stava accadendo. Razionalmente aveva capito tutto, ma era come se dentro di sé temesse di non rivedere mai più la mamma.

Era nervosissima, sia in istituto sia a scuola. Non voleva sentire ragioni. Aveva studiato il mappamondo e aveva capito dove stava la Francia, quindi voleva partire. Era riuscita ad arrivare fino in Italia dalla Nigeria, raggiungere la Francia, senza deserto e senza mare di mezzo, sarebbe stato uno scherzo, diceva.

Una mattina dalla scuola chiamarono le suore. Era successo un pasticcio. Anila aveva approfittato di un momento di distrazione della maestra e se ne era andata. Era servita la mobilitazione di tutto il personale scolastico per recuperarla. La trovarono quasi un'ora dopo l'allarme che stava camminando a un paio di chilometri di distanza dalla scuola.

Le suore decisero che, per qualche giorno, era meglio che Anila rimanesse con loro, e non la mandarono a scuola. Come al solito fu Luisa a incaricarsi di gestire la situazione, ma non fu facile, perché Anila passava il tempo chiusa a chiave dentro la sua stanza, piangendo e urlando maledizioni contro chiunque.

Una sera tardi le sue grida cessarono di colpo. Le suore pensarono che, stremata, si fosse addormentata. Luisa invece capì subito che c'era qualcosa che non quadrava e andò a cercarla in camera: era aperta e dentro non c'era nessuno. Allora cominciò a chiamarla a gran voce. Ma niente, la bambina non rispondeva, di lei non c'era traccia. Solamente dopo parecchi minuti, Luisa la trovò. Era in cucina, seduta per terra. In lacrime. L'educatrice le si avvicinò piano piano e con dolcezza le chiese che cosa stesse facendo.

La bambina la guardò e, con il solito tono e la solita espressione vuota, pronunciò una delle sue frasi inquietanti: «Dio mi perdonerà, perché Dio è buono...».

Luisa lì per lì non capì cosa intendesse dire. Anila si alzò. Guardò per un ultimo istante la donna negli occhi, poi cominciò a correre a gran velocità verso la finestra aperta. Stava ormai per lanciarsi nel vuoto quando Luisa, che le era subito corsa appresso, riuscì ad acciuffarla e a tirarla dentro la stanza.

Anila allora cominciò a picchiarla con tutta la forza che aveva in corpo. Graffi, pugni, schiaffi. Non c'era modo di fermarla. Voleva essere lasciata libera di gettarsi di sotto. Ma Luisa, terrorizzata, la teneva avvinghiata a sé.

Dovettero intervenire le suore, spaventatissime, per riportare la calma. Però, era ormai chiaro a tutti che così non si poteva andare avanti.

XVII

Il giocattolo

Il mio cellulare continuava a squillare, ma io ero alle prese con un'ecografia e non potevo rispondere.

Mi ci volle una buona mezz'ora prima di poter vedere chi mi stava cercando con tanta insistenza. Era suor Teresa: c'erano almeno una dozzina di sue chiamate. Chissà che cos'altro aveva combinato Anila… Il cuore mi esplose nel petto.

Richiamai immediatamente. Nel tempo che ci volle a suor Teresa per rispondermi, immaginai ogni tipo di sciagura: un altro tentativo di suicidio magari andato a buon fine, una fuga definitiva, una rissa in cortile… Poteva davvero essere capitato di tutto.

«Pronto, dottore…»

«Sorella, che succede?»

«Sono venuti dei signori e hanno chiesto di Anila… Hanno chiesto anche di lei.»

«E chi sono?»

«Dicono che devono fare delle indagini.»

Inizialmente sospettammo che si trattasse di funzionari della questura di Palermo o dei servizi sociali. Tutti i disastri combinati da Anila negli ultimi mesi potevano non essere passati inosservati. Qualcuno avrà deciso di riferire, pensai. Di denunciare. E così adesso le cose si complicavano.

Suor Teresa aveva lasciato quei signori in sala d'attesa. Anila era a scuola, così avrebbero dovuto aspettarla ancora un po', sempre ammesso che non volessero tornare un altro giorno. Le chiesi di poterci parlare. Me li passò.

Fortunatamente non era successo quello che avevamo temuto. Si trattava di funzionari dell'Organizzazione internazionale per le migrazioni, incaricati di fare delle indagini per valutare la pratica del ricongiungimento. Facevano da intermediari tra le autorità italiane e quelle francesi, nell'interesse della bambina e della madre. Insomma, finalmente un passo avanti.

Dopo pochi minuti incontrarono Anila, che si comportò benissimo. Rispose con pazienza a tutte le domande che le posero, ripercorrendo gli anni in Nigeria e quelli in Niger. Raccontò per sommi capi il suo viaggio alla ricerca della mamma, e non omise la storia del misterioso numero di telefono. Quando gli ispettori se ne andarono sembravano soddisfatti della conversazione.

I loro colleghi di Marsiglia erano precedentemente stati da Carla, e le due versioni combaciavano. Dubbi che Carla e Anila fossero madre e figlia ormai non ce n'erano più, e presto l'intera vicenda sarebbe stata messa nero su bianco in una relazione per le polizie di Palermo e di Marsiglia.

Purtroppo, però, quei signori non si sbilanciarono affatto su quanto tempo sarebbe stato ancora necessario per chiudere la pratica. Anzi, da come risposero a un paio di mie domande in proposito, fu abbastanza chiaro che non avevano la minima idea di quanto ci sarebbe voluto prima di ottenere da entrambi i Paesi l'autorizzazione al ricongiungimento.

Quel pomeriggio stesso chiamai Monique per aggiornarla. E poco dopo lei chiamò in istituto: adesso che era stato accertato anche dalle autorità internazionali che Carla e Anila non mentivano, forse si poteva pensare di organizzare un vero incontro tra loro.

Naturalmente, Monique ne parlò con gli avvocati dell'associazione che stavano seguendo le pratiche per la richiesta di asilo di Carla e loro le spiegarono che eventuali obiezioni potevano arrivare solo dalle autorità italiane, cioè quelle che avevano la responsabilità della minorenne: se non avevano nulla in contrario all'incontro, Carla poteva tranquillamente andare a trovare la figlia.

Suor Teresa e suor Letizia, dal canto loro, ottennero un ok informale da parte delle autorità locali: ormai era chiaro a tutti che quello che stavamo fronteggiando era solo un mostro burocratico e, insomma, loro avrebbero chiuso un occhio per qualche giorno.

Si stava avvicinando Pasqua, e Carla e Monique programmarono il viaggio in Italia proprio in coincidenza con i giorni delle vacanze scolastiche di Anila. La bambina inizialmente sembrava abbastanza incredula su quanto stava per accadere, ma quando capì che di lì a poco la sua mamma sarebbe davvero venuta a trovarla, cadde in uno stato di totale euforia. Era contentissima, e all'improvviso scomparvero i comportamenti aggressivi e autolesionisti dell'ultimo periodo.

Carla, invece, venne travolta da un'ansia imprevedibile. Non si sentiva pronta all'incontro, aveva paura di sbagliare.

Una sera confidò a Monique che temeva addirittura che la figlia non la riconoscesse. Così intensificò i suoi incontri con la psicologa. Voleva sapere come doveva comportarsi, cosa doveva dire e cosa non dire, e siccome al viaggio avrebbe preso parte anche Benedict voleva sapere come gestire la relazione tra i suoi due figli per evitare gelosie e, più in generale, sentimenti negativi. La dottoressa la tranquillizzò su ogni fronte. In particolare sul rapporto tra i due bambini. «Il problema» le disse «di solito sono gli adulti.» Quanto a lei, doveva comportarsi nel modo più normale possibile. Spiegare tutto ciò che c'era da spiegare, rispondere a tutte le domande, non mentire mai e mostrarsi sempre affettuosa.

Se era per questo, Carla sarebbe stata molto più che affettuosa: non vedeva l'ora di riabbracciare la sua Anila, di stringerla forte, di baciarla. Non ricordava più nemmeno lei quanti anni erano passati da quando l'aveva dovuta lasciare, bambinetta che aveva appena imparato a parlare, a quei due anziani signori in Niger.

Da allora aveva pensato alla figlia ogni giorno, ogni istante della sua vita. Mentre attraversava il deserto, mentre dormiva in un bivacco, mentre passeggiava per le strade spagnole in attesa del successivo cliente. La sua piccola Anila. E adesso, finalmente, l'avrebbe rivista.

Ma prima c'era da affrontare il viaggio verso l'Italia, cercando di superare eventuali controlli. Ufficialmente risultava una «richiedente asilo», quindi in teoria non avrebbe dovuto avere problemi, ma non si può mai sapere.

Il viaggio da Marsiglia fino a Palermo è una piccola odissea. Si arriva con il flixbus fino a Torino, poi da lì si procede in treno: in tutto, traghetto compreso, è necessario quasi un giorno intero. Al momento della partenza, il 14 aprile, Monique rassicurò Carla che per l'intero tempo lei sarebbe stata raggiungibile per farle da interprete a distanza o aiutarla a risolvere eventuali problemi.

Aveva pensato a tutto, Carla. A ciò che avrebbe detto ai poliziotti se l'avessero fermata. A ciò che avrebbe detto ad Anila, alle parole con cui le avrebbe presentato il fratellino. Per notti intere aveva pensato a quello che avrebbe fatto nel momento in cui avesse riabbracciato la sua piccola. Aveva ragionato lungamente su quali abiti indossare, come vestire Benedict, che cosa portare in regalo.

A una cosa, però, non aveva pensato: che cosa fare una volta scesa dal treno, alla stazione di Palermo. Per un istante, per un solo istante, quando arrivarono ebbe paura. Vide la scena dal di fuori, come capita spesso nei momenti di particolare tensione. Vide la banchina che lentamente andava svuotandosi e vide lei e Benedict, fermi immobili davanti a due grandi borsoni colorati, senza sapere dove andare.

Fu in quel momento che irruppe una voce di donna: «Signora Carla... Signora Carla!». Erano suor Teresa e suor Letizia, che erano venute a prenderla. Carla si aprì in un sorriso enorme, nel quale si sciolsero in un istante i molti dubbi e le paure che aveva accumulato durante il viaggio. Le due suore erano un po' frettolose e circospette, come chi sta facendo qualcosa di non del tutto legale, ma non per questo meno premurose. Anche loro non vedevano l'ora di portare la madre dalla figlia. «Anila è in istituto che l'aspetta... Non sta nella pelle» spiegò suor Letizia.

Carla non capiva l'italiano, ma avendo distinto il nome «Anila» in quella frase pensò che si trattasse di una comunicazione importantissima e non di una semplice frase di circostanza, così senza esitare afferrò il cellulare e chiamò Monique affinché la traducesse. La conversazione durò pochissimo, giusto il tempo di capire che era tutto sotto controllo, che ogni cosa stava andando secondo i piani, e che di lì a pochi minuti avrebbe potuto vedere sua figlia. Le suore abbracciarono Benedict come due zie farebbero con un nipotino, poi si misero tutti in macchina diretti all'istituto.

Nessuno riuscì a trattenere le lacrime, quella mattina. Quando Anila sentì il rumore del motore dell'auto di suor Teresa si precipitò all'ingresso e, appena intravide Carla varcare la porta, le si gettò al collo abbracciando d'impeto, contemporaneamente, sia lei sia Benedict. Tutte le presentazioni, le parole che Carla aveva immaginato di dire si sciolsero in un abbraccio silenzioso e ansimante, che durò secoli.

Cominciò così il periodo più felice di Anila in Italia. Quella bimba aveva vinto la sua battaglia. Adesso era lì con la mamma. Certo, le suore le avevano spiegato che era solo una visita temporanea, che sarebbe durata appena sette giorni, e poi avrebbe dovuto «fare la brava» fino a quando il dottor Bartolo non avesse trovato tutti i documenti che servivano. Ma per Anila il tempo iniziava e finiva in quell'abbraccio. Non c'era un domani né un dopodomani. Lei era partita per riabbracciare la sua mamma, e ora, eccole lì, insieme, pronte ad affrontare il mondo.

I tre si chiusero nella cameretta di Anila, dove dalle grandi borse Carla tirò fuori regali e molti abiti tipici nigeriani, e trascorsero buona parte del pomeriggio a indossarli.

Benedict ci mise poco ad annoiarsi, ma ci mise ancora meno a trovare una soluzione: aveva visto in cortile dei bambini che giocavano a pallone, se li era fatti presentare dalla sorella e si era subito integrato nel gruppetto.

Poi, quando arrivò l'ora di cena, Carla chiese alla cuoca di poter utilizzare la cucina. Ottenuto il permesso, andò nella camera di Anila e prese dalle valigie un paio di grandi buste di plastica. Aveva portato tutto il necessario per preparare alla figlia le migliori specialità africane. In verità, era incerta su quali piatti preparare, l'aveva lasciata che aveva appena tre anni e, insomma, ancora non era una buona forchetta. Alla fine, decise di prepararle il piatto principe della cucina nigeriana, cioè il riso jollof, con il pollo stufato, le banane fritte nell'olio di palma e il mais con i fagioli.

Anila e Benedict lo divorarono, poi girarono per la sala da pranzo brandendo cucchiai colmi di cibo da far assaggiare agli altri bambini e alle educatrici. Fu una serata divertente, la prima di quella settimana speciale.

Anila era molto orgogliosa della sua mamma che era venuta a trovarla dalla Francia. Quella settimana nell'istituto molti bambini avevano ricevuto la visita dei genitori, ma molti altri sarebbero rimasti da soli. Non essere fra costoro, la faceva sentire una privilegiata ed era una sensazione decisamente nuova. Non le era mai capitato. Così le piaceva tantissimo andare in giro per i corridoi e le stanze tenendo per mano la mamma, mostrandola come fosse un trofeo. E la cosa buffa è che, in qualche modo, lo era.

Come sempre accade quando si è felici, le ore trascorrono velocissime, una dopo l'altra, senza un attimo di respiro. Il giorno precedente la partenza era anche quello in cui Anila doveva rientrare a scuola dalle vacanze, così insistette perché Carla l'accompagnasse e conoscesse la sua maestra e le sue compagne.

Benedict, che era tristissimo perché non aveva più nessuno con cui giocare a pallone, aspettò che la sorella tornasse da scuola e si consolò raccontandole di Marsiglia e di quanto sarebbero stati bene tutti insieme. In quel momento, per i due fratelli che parlavano da soli nella stanza, il mondo era una cosa semplice, un giocattolo enorme da consumare e rompere per vedere cosa c'è dentro, e il futuro un libro infinito tutto da disegnare e scrivere. Peccato che il mondo non sia un giocattolo e che il libro del futuro si lasci scrivere solo a costo di enormi sacrifici.

XVIII

Lo zio

Sapevo perfettamente che la ritrovata serenità di Anila non era destinata a durare a lungo. E ciò mi fu confermato al telefono da Monique pochi giorni dopo la partenza di Carla. Aveva parlato con gli avvocati che stavano seguendo il percorso della donna e loro le avevano fatto capire che la strada era ancora molto lunga. Che la situazione era incagliata sulla mancata denuncia dei suoi aguzzini da parte di Carla. Se non ne avesse fatto i nomi o se non avesse fornito gli elementi per arrestarli, la polizia francese non avrebbe mai dato il suo consenso al ricongiungimento.

Il problema sembrava irrisolvibile. Perché, in realtà, Carla non aveva in mano nulla per denunciarli. Non ne sapeva i nomi, non ne conosceva gli indirizzi. Erano invece loro che conoscevano tutto di lei, che la tenevano in pugno, che la minacciavano. E anche se, per miracolo, avesse potuto fornire qualche generica indicazione per arrivare a identificare qualche pesce piccolo, Carla era restia a farlo. Perché c'era sempre la storia del vudù e delle minacce, oltre al timore per Benedict e Anila, e per gli altri due figli in giro per l'Europa.

Per spiegarmi bene quanto la faccenda del vudù fosse seria, Monique mi raccontò del rito a cui fu sottoposta Carla prima di partire. Mentre si svolgeva una cerimonia magica lunghissima e complicata, la costrinsero a sgozzare un pollo, a mangiarne il cuore e a berne il sangue. Noi occidentali – mi spiegò Monique – non ci rendiamo conto di quanto sia potente questa pratica, la fascinazione che produce sulle persone. Mi raccontò di una sua collega, salvata per miracolo da un'inserviente dell'associazione una mattina di poche settimane prima. Stava parlando con una donna nigeriana che aveva tolto dalla strada la sera precedente. Questa all'improvviso cambiò del tutto voce, cominciò a canticchiare una specie di formula, rovesciò gli occhi all'indietro, poi cominciò a parlare rivolta a una persona che non era nella stanza, come se invece fosse lì. La volontaria non capiva cosa stesse dicendo, perché parlava nel dialetto dell'Edo. Quando le poggiò una mano sulla spalla, la donna, senza spostare i suoi occhi su di lei, le disse: «La madame mi ha ordinato di ucciderti».

«La madame mi ha ordinato di ucciderti» ripeté urlando. E con un balzo le fu addosso, le mani alla gola in una presa fortissima.

Per fortuna, proprio in quel momento stava passando di lì un addetto alle pulizie che riuscì a intervenire e, non senza fatica, a salvare la vita alla volontaria.

«Il vudù» mi spiegò Monique «crea uno stato di soggezione psicologica fortissimo. Una condizione mentale in cui la differenza tra credere nel divino e averne terrore è talmente sottile da non esistere nemmeno, a volte. Per questo le donne africane molto spesso non denunciano, preferendo condannare se stesse a una vita d'inferno.»

Un sacco di persone finiscono al manicomio, diventano schizofreniche. Sentono voci, vedono cose. Hanno incubi terribili, e spesso vengono spinte al suicidio.

Carla, per esempio, non riusciva più a dormire. Vedeva la madame ogni notte, che la minacciava di uccidere Benedict o di rendere sterile Anila. Altre volte le ordinava di suicidarsi o di uccidere Monique. Si era liberata dal lavoro di prostituta, ma non dal mondo demoniaco, prima che criminale, che a quel lavoro l'aveva condannata. Cosa avrebbe dovuto denunciare?

Insomma, eravamo in alto mare. E però, dopo la visita della mamma, Anila sembrava più tranquilla. Aveva ripreso ad andare a scuola e gli episodi di aggressività erano sensibilmente diminuiti.

Anche gli sbarchi erano cominciati a diminuire proprio in quei giorni della primavera 2017, per effetto della nuova politica sui migranti che il ministro Minniti aveva cominciato ad attuare. Così ne approfittai per accettare l'invito a un convegno che si sarebbe tenuto di lì a poco a Malta, al quale avrebbero partecipato tutti i rappresentanti dell'Unione europea. Volevano che parlassi del film *Fuocoammare* e delle mie esperienze di «medico di Lampedusa».

Da un po' di giorni non mi piaceva per niente la piega che stava prendendo il dibattito pubblico, almeno secondo quanto scrivevano i giornali. Il governo italiano si stava allineando a una tendenza generalizzata in Europa, quella di considerare i migranti come dei pacchi, delle zavorre, collocate a bordo delle navi, da distribuire qua e là per il continente. E non invece come persone. Il convegno era una buona occasione per tirare fuori un po' di considerazioni che mi stavo tenendo dentro, al di là delle facili celebrazioni per il film.

Il convegno fu molto interessante. Non tanto perché vennero dette cose nuove o che non conoscevo. Ma perché, vedendoli tutti così intruppati, compunti e ben vestiti, provai un moto insieme di rabbia e pietà per quei potenti, o presunti tali. Erano riuniti intorno a un tavolo, e parlavano di questo olocausto contemporaneo con lo stesso tono, la stessa fredda distanza, la stessa accortezza burocratica, con cui avrebbero potuto discutere della costruzione di un viadotto o di una variante al piano urbanistico. In particolare c'era uno di loro, non so se fosse un sottosegretario svedese, o presidente di commissione finlandese, che parlava con un distacco sovrumano, freddissimo, che mi infastidì.

Non mi era mai capitato di interrompere qualcuno durante un convegno o in un'occasione pubblica, ma in quel caso feci un'eccezione. «Dottore,» gli dissi come se mi fossi accorto che aveva smarrito qualcosa, un oggetto, un portachiavi, «dottore, ha guardato bene là fuori?» E indicai verso la finestra della grande sala, una vetrata luminosissima che affacciava su un Mar Mediterraneo scintillante come non mai.

Il politico si girò incuriosito. Non vide nient'altro che acqua e luce. Poi si voltò di nuovo verso di me, interrogativo.

«Là... là...» indicai ancora.

Lui non capiva. Aspettai qualche secondo ancora e, prima che si infastidisse, presi la parola. «Là... Dottore, sono certo che se guarda bene, tra le onde, il cadavere di qualche bambino lo trova sicuramente. E se non c'è, le basterà aspettare qualche secondo. Vedrà che arriverà.»

Il tempo necessario all'interprete per tradurre la mia provocazione e nella sala cadde il gelo.

«Perché,» ripresi «sa, qui lei da mezz'ora parla di quote, di numeretti che siete disposti ad accettare... e avevo l'impressione che a forza di parlare di quote si fosse dimenticato che, nel frattempo, la gente muore in mare, e quando dico "gente" penso a donne che magari potrebbero ricordarle sua madre, e a bambini che magari potrebbero giocare con suo figlio.»

Passarono altri secondi. L'interprete continuava a fare il suo lavoro. Non aggiunsi una sola parola, mi limitai a non distogliere nemmeno di un millimetro, nemmeno per un secondo, lo sguardo dagli occhi del politico che, a voce bassa e un po' balbettante, concluse rapidamente il suo intervento sulle quote di migranti che il suo ricco Paese del Nord Europa avrebbe potuto accettare.

Poi fu il mio turno. Come faccio ormai d'abitudine, accompagnai le mie parole con la proiezione delle immagini che tengo nella mia pennetta usb. Si spensero le luci e per qualche minuto sul grande schermo al centro della sala scorsero le fotografie del mio lavoro al poliambulatorio di Lampedusa: ragazzi scuoiati dalle lame degli aguzzini libici; uomini mutilati dei genitali, per un perverso gioco in voga tra i secondini delle carceri libiche; prigionieri torturati con gli elettrodi; bambini affamati e sull'orlo del deperimento fisico; donne violentate, con ancora i segni dei tubi di gomma con cui venivano quotidianamente percosse.

Mi rendo perfettamente conto della violenza di questa mia scelta. Disgusta anche me. Ma la gente *deve* capire e io ho il *dovere* di raccontare.

«Ho dovuto fare cose terribili» spiegai. «Cose a cui non ti abitui mai, e che ti perseguitano la notte, negli incubi. Ho sempre paura quando mi appresto a fare un'ispezione cadaverica: piango, vomito, ma solo facendola posso capire, conoscere la storia di quelle povere salme e restituire loro dignità, perché non sono corpi inerti ma persone, con una dignità anche da morte. Non vi chiedo di fare altrettanto. Ma io pretendo – l'umanità pretende – che non trattiate questa gente con tanta freddezza.»

Non aggiunsi altro. Si riaccesero le luci in sala. Il politico che aveva parlato poco prima era pallido come un cencio. Mi colpì che nessuno dei «potenti» mi guardasse in faccia. Erano tutti a trafficare con qualcosa, chi con il cellulare, chi con il taccuino per gli appunti. Trovai questa reazione molto umana. E ne fui contento. Era la prova che avevo fatto centro.

Stremato, tornai in albergo e mi gettai sul letto. Tra la vicenda di Anila e gli altri sbarchi era stato un periodo complicatissimo, e non era ancora finita. Avevo bisogno di riposarmi per un istante. Fu in quel momento che mi arrivò una telefonata. Era la mia amica Lidia Tilotta, la giornalista della Rai che mi ha aiutato a raccontare in un libro la mia storia di medico di Lampedusa, che mi invitava a Palermo a parlare a un convegno. Un altro convegno.

«No, Lidia, grazie davvero, non ce la faccio. Sono stremato.»

Lei insistette, era troppo importante. Non si trattava di un convegno come un altro, ma di un incontro bellissimo, nell'ambito della manifestazione organizzata ogni anno da Addiopizzo. I palermitani ci tengono molto. «È il posto ideale per testimoniare la tua esperienza, non puoi mancare... E poi l'organizzazione ci tiene moltissimo. Pensano a tutto loro, ti vengono a prendere all'aeroporto, tu non dovrai fare altro che parlare all'incontro.» Alla fine, mi lasciai convincere.

E così eccomi pochi giorni dopo all'aeroporto di Palermo. Continuavo a pensare ad Anila e non so perché associavo la sua storia alla faccia di gesso del sottosegretario svedese, o chiunque lui fosse. L'alto burocrate europeo e la bambina nigeriana, il politico e la vittima. Erano i due punti estremi del disastro umanitario a cui ogni giorno assistevo seduto dietro la scrivania del mio ufficio al poliambulatorio, o dritto in piedi controvento sul molo Favaloro.

Oltrepassata la porta scorrevole degli arrivi, vidi un ragazzo dalla barba appena accennata ma ben folta che aveva in mano un cartello con la scritta DOTT. BARTOLO. Era l'autista mandato dall'organizzazione a prendermi. Mi avvicinai, feci per presentarmi, ma lui mi anticipò: «Dottor Bartolo!».

«Sì, sono io, piacere.»

«Piacere mio» disse. Poi mi prese il bagaglio dalle mani e mi fece strada verso l'uscita.

Cominciava la bella stagione e qua e là per l'aeroporto si intravedevano i primi gruppi di vacanzieri. La macchina era parcheggiata non lontano. L'autista mi aprì lo sportello e mi fece accomodare. Accese il motore e quasi contemporaneamente io chiusi gli occhi, intenzionato a dormire fino all'arrivo in città.

«Dottore, mi scusi...» mi disse però l'autista, svegliandomi.

«Che succede?»

«Senta, è quasi ora di pranzo...»

«Eh, lo vedo... Quindi?»

«Quindi, pensavo... L'organizzazione mi ha incaricato di portarla a mangiare, tanto c'è tempo.»

«Sì, ma io non ho molta fame. Preferisco riposarmi un po'.»

«Certo. Ma, vede, io passo un guaio se non... capisce? L'organizzazione...»

Ero un po' perplesso, non avevo nessuna voglia di pranzare, ma lui insisteva. A quanto pare, l'organizzazione dell'incontro aveva prenotato per me in un ristorante e ci tenevano moltissimo.

«Va bene, andiamo. Ma dobbiamo allungare la strada?»

«No no, è proprio qui vicino.»

In realtà, non era poi tanto vicino, e la cosa cominciava a infastidirmi.

D'un tratto l'automobile entrò nel parcheggio di un grande palazzo. Scendemmo. Di ristoranti in giro nemmeno l'ombra. L'autista mi fece segno di seguirlo, entrammo in un portone, poi in un ascensore. Fu allora che ebbi il sospetto che mi stesse portando a mangiare a casa sua.

«Scusi, dove stiamo andando?»

«Mi dia un minuto che le spiego.»

L'ascensore arrivò subito al piano, e non feci in tempo a fare un passo sul pianerottolo che una porta si spalancò e uscì fuori, urlando, una bambina nera bellissima. Elegante e sorridente. Riconobbi subito quegli occhi. Era Favour. La «mia» Favour. Lì per lì non capii. Mi guardai intorno. Sul pianerottolo c'eravamo solamente io, Favour e l'autista.

«E che ci fai qui?» le chiesi.

«È il suo compleanno, dottore, compie due anni» mi rispose lui. «E io sono il suo papà.» E mi abbracciò.

Non avevo capito ancora bene la situazione, ma avevo comunque il cuore in gola e gli occhi pieni di lacrime.

Dalla porta uscì una ragazza molto bella, dalla faccia pulita. Era la mamma. Mi fece accomodare. La casa era deliziosa, arredata con gusto e sobrietà, e piena di palloncini e striscioni. In fondo alla sala c'erano tante altre persone. Me le presentarono una per una: nonni, zii, amici. Era la festa dei due anni di Favour.

La donna e suo marito avevano avuto in adozione la bambina dal tribunale. Mi spiegarono che, dal giorno in cui era entrata nella loro casa, la loro vita era diventata fantastica. Piena di gioia e di amore. Non facevo nessuna fatica a crederlo. Favour girava per le stanze con la grazia e l'energia di una principessa africana, illuminando ogni angolo con la sola forza del suo sguardo. Per un istante pensai a quanto ero stato ingenuo e goffo la mattina di tanti mesi prima, subito dopo la diffusione della foto che ritraeva la bambina tra le mie braccia, ad alzarmi all'alba per essere il primo a depositare in tribunale la richiesta di adozione. Le cose erano poi andate diversamente. Mi era stata preferita quella giovane coppia, e ora che li vedevo tutti insieme ero sicuro che non si sarebbe potuta fare una scelta migliore.

«Dottore, quando abbiamo saputo che lei era tra gli ospiti dell'incontro di Addiopizzo ci siamo messi d'accordo con l'organizzazione per farle questa sorpresa» mi spiegò il giovane padre. «Se Favour è viva, se non è caduta nelle mani di qualche malfattore, lo dobbiamo a lei e alla prontezza con cui la mise al sicuro. Perciò l'abbiamo invitata a sorpresa, per ringraziarla per tutto quello che fa.»

Mi sentii orgoglioso di me e di ciò che avevo fatto. Era una sensazione che non provavo spessissimo, di solito mi sento impotente. E provai anche un forte senso di gratitudine nei confronti di quella coppia. In fondo, avrebbero potuto comportarsi diversamente. Avrebbero potuto cancellare con un colpo di spugna tutto il passato, compreso questo vecchio medico di Lampedusa, e pensare solo al futuro, che adesso aveva gli occhi luminosi e profondi della loro splendida Favour. E, invece, avevano sentito il bisogno di ringraziarmi.

«Sappiamo che lei avrebbe voluto adottarla, e non vorremmo mancarle di rispetto nel farle questa proposta» mi disse, sorridendo, la mamma. «Ecco, insomma, noi ci terremmo che lei fosse per Favour una sorta di nonno. Lo crede possibile?»

Mi guardai intorno. Vidi una splendida casa piena di palloncini colorati e di gente che non vedeva l'ora di riversare il proprio amore su quella creatura.

«Credo che non abbiate bisogno di nonni, ne avete già abbastanza» risposi, e vidi scendere negli occhi dei due un velo di imbarazzo. «Quindi, se per voi va bene ugualmente, direi che posso essere uno zio. Sì, un vecchio zio che da lontano, ma non troppo, si preoccupa che vada tutto per il meglio.»

XIX
Le treccine

Nell'acqua freddissima e limpida come quella di un torrente i miei vestiti fluttuavano con la grazia delle alghe. Davanti ai miei occhi, il relitto della nave era adagiato su un fianco, a pochi metri di profondità, proprio di fronte all'imboccatura del porto.

Ho visto decine di volte quelle immagini riprese dalle videocamere subacquee della guardia costiera. Le conosco a memoria, fotogramma per fotogramma. Ma adesso c'era qualcosa di diverso. Io ero lì dentro, dentro il filmato, circondato da un blu intenso e talmente profondo da risultare anche un po' spettrale. Sopra la mia testa c'erano almeno cinque metri d'acqua. Sotto, prima degli scogli pieni di coralli e spugne, non più di tre. Alzando lo sguardo potevo vedere la luce del sole, filtrata dalla superficie marina.

Una minuscola parte della mia coscienza – ancora miracolosamente attiva – sapeva con esattezza dove mi trovavo: dentro uno dei miei incubi più ricorrenti. Ciononostante, non riuscivo a svegliarmi. Avrei voluto, ma non ci riuscivo.

Succede sempre così, ormai sono rassegnato.

L'acqua si fece sempre più limpida, lo sfondo più azzurro. Scivolai verso il relitto sentendo l'ansia crescere dentro di me. A mano a mano che mi avvicinavo, però, la corrente marina si faceva ancora più forte e trascinava via con sé moltissimi oggetti, alla rinfusa: una piccola maglietta rossa a maniche corte, una scarpa da barca senza il laccio, un cappellino da baseball, un braccialetto, un paio di pantaloni. Passavano davanti a me rapidamente e poi scomparivano nella profondità del mare. Facevo uno sforzo enorme per riconoscerli, e di ciascuno cercavo di figurarmi il proprietario. Ma li distinguevo con sempre maggiore difficoltà, perché la corrente aumentava ogni secondo e ormai anch'io rischiavo di essere portato via insieme a quegli oggetti. Per fortuna, però, proprio quando stavo per arrendermi e lasciarmi andare, mi accorsi che ero arrivato all'imbarcazione e con un gesto quasi disperato mi aggrappai al corrimano.

Più o meno in quel momento la corrente cessò. Così feci per entrare dentro la nave, ma fu allora che, con la delicatezza di una madre, una mano mi accarezzò la nuca. Sentii un brivido correre dalla testa lungo la schiena. Mi girai per vedere chi fosse e rimasi incenerito dallo sguardo terreo di un cadavere che galleggiava a non più di venti centimetri da me. D'istinto lo allontanai spingendolo per la testa. Ma la conseguenza del movimento fu che le mani del cadavere, per un secondo, mi accarezzarono nuovamente. Poi si allontanò, rimanendo immobile, a cinque-sei metri di distanza, in una posizione innaturale, con entrambe le braccia protese verso di me, quasi a volermi cingere, e una mano semiaperta con l'indice teso verso terra. Sembrava volermi mostrare qualcosa. Mi voltai verso il punto indicato da quel dito e vidi, appoggiati sugli scogli, centinaia e centinaia di cadaveri. Una fossa comune in mezzo al mare.

Nuotando mi avvicinai a quei corpi. E li riconobbi. Tutti. A uno a uno. Erano le 368 vittime della tragedia del 3 ottobre 2013. Sapevo chi erano, perché nei giorni successivi al naufragio feci loro la cosiddetta «ispezione cadaverica». Avevano lo stesso identico volto che vidi quando aprii i sacchi con dentro i loro cadaveri.

Erano vestiti bene, con abiti colorati. Soprattutto le bambine, a cui le mamme, pochi giorni prima del naufragio, avevano fatto delle splendide treccine. Arrivavano in un mondo nuovo e volevano essere eleganti.

Di ogni tragedia alla quale ho assistito porto con me numerosi, confusi, dolorosi ricordi. Il rumore dei cadaveri che si spezzano sotto il mio passo, dentro la stiva della nave; l'odore nauseabondo delle autopsie; il gesto disperato e incomprensibile del naufrago che prima di annegare morde il crocifisso della collanina appesa al collo. Di quella tragedia ricorderò per sempre le treccine delle bambine che fluttuavano al ritmo delle onde, come anemoni di mare.

Mi svegliai all'improvviso. Negli occhi avevo ancora vivida quell'immagine.

Ero in una stanza d'albergo abbastanza anonima, a Cassino. Di lì a poche ore avrei dovuto partecipare a un incontro al quale tenevo moltissimo. Dovevo parlare agli alunni di una scuola per raccontare la mia esperienza di medico di Lampedusa.

Mi piace molto parlare ai ragazzi, mi dà l'impressione di essere utile. Lo leggo nei loro occhi. A differenza di quanto succede con gli adulti, quando racconto ciò che ho vissuto è come se vedessi fisicamente ogni mia parola andare a segno. Per questo cerco di non mancare mai a un appuntamento con loro.

Avevo dormito male quella notte. Prima di coricarmi avevo ricevuto l'ennesima chiamata da suor Teresa, che mi aveva raccontato di come Anila avesse ricominciato a dare segnali preoccupanti. Erano trascorsi quasi due mesi da quando Carla era venuta a trovarla e, nonostante si sentissero tutti i giorni, la bambina continuava a essere inquieta. Ne aveva ottimi motivi, del resto. Sul piano burocratico era tutto ancora fermo. Durante la telefonata, suor Teresa mi aveva raccontato che dopo cena Luisa, insospettita da alcuni comportamenti della bambina, era andata a trovarla in camera e dentro a un cassetto aveva scovato una scatola piena di capsule di detersivo per lavastoviglie. Voleva ingoiarle, spiegò tra le lacrime all'educatrice, e farla finita.

La grande sala dove si sarebbe svolto l'incontro era gremita. I ragazzi la chiamavano «aula magna», in realtà assomigliava di più a un refettorio. Alle spalle dei relatori, il preside aveva fatto sistemare un telo bianco. Glielo avevo chiesto io, per poter proiettare la mia presentazione.

Ero irrequieto. Mentre sullo schermo scorrevano le immagini che avevo scelto per illustrare ai ragazzi il dramma che ormai ogni giorno si sta consumando nel Mediterraneo, praticamente sotto casa loro, il mio pensiero continuava ad andare ad Anila e alle sue treccine colorate. Era un miracolo che non fosse finita come le bambine del mio incubo. E adesso era lì, che cercava di uccidersi.

Quando nella sala si riaccesero le luci, ci misi qualche secondo a trovare le parole giuste per cominciare il mio discorso. Mi schiarii la voce, poi decisi che c'era un'altra cosa che volevo mostrare a quella platea di giovani. «Con il permesso del preside,» dissi «vorrei farvi vedere un breve filmato.» Trafficai qualche istante con il laptop. «Potreste abbassare nuovamente le luci?» chiesi a un signore che stava in piedi vicino all'interruttore.

Dopo poco, sullo schermo passarono le immagini – riprese non ricordo più da chi – di uno sbarco piuttosto recente.

Attraccata al molo Favarolo c'è una motovedetta della capitaneria di porto. A bordo, tra personale sanitario, membri dell'equipaggio e migranti da soccorrere, c'è un caos enorme. Tutti vanno e vengono. Sta succedendo qualcosa, ma dai primi fotogrammi non si capisce bene cosa. Poi arrivo io, trafelato. Qualcuno mi fa segno di sbrigarmi. Con un salto salgo a bordo, chiedo «Dov'è?». Un signore con la mascherina mi afferra per un braccio e mi porta in un punto riparato del ponte. La telecamera mi segue. A terra c'è una donna di colore. Sta partorendo. Io mi chino su di lei e comincio a fare il mio lavoro. Le dico cosa fare, cosa non fare. Le chiedo di spingere. Proprio come nei film. Fino a quando non comincia a venire fuori il bambino.

Come tutti i parti, anche quello era stato commovente, bellissimo: un inno alla vita in mezzo a tanta disperazione. Ma non era questa la ragione per cui avevo deciso di mostrare tali immagini. Quando il piccolo fu completamente uscito dalla pancia della mamma, mi resi conto che non avevo nulla per legargli il cordone ombelicale, così chiesi un pezzo di corda, o qualcosa del genere, ma nessuno trovò niente che potesse servire. Alla fine, mi sfilai il laccio di una scarpa.

Sapevo perfettamente che il racconto di quel colpo di fantasia avrebbe catturato l'attenzione dei ragazzi, i quali, a dire la verità, sarebbero rimasti ancor più sorpresi sapendo in quanti modi, ancor più incredibili, le mamme risolvono lo stesso problema quando si trovano in situazioni estreme. Aspettai qualche secondo per creare un po' di attesa, poi mostrai una foto, un primo piano dell'ombelico del piccolo appena nato. «E questa è la sua prima fotografia» dissi. «Voi cosa notate? Qualcosa di particolare?»

Dalla platea salì un piccolo brusio: si vedeva bene il laccio della scarpa stretto intorno al tronco dell'ombelico.

«Il laccio della scarpa?» continuai. «Sì, il laccio c'è, ma è più importante il resto. Ora vi chiedo di concentrarvi bene sui colori di questa foto, perché i colori sono tutto quello che c'è da sapere.»

La sala era di nuovo piombata nel silenzio.

«Il primo colore che risalta, qui, è ovviamente il rosso del sangue. Giusto?»

I ragazzi annuirono.

«Ma c'è anche un altro colore… insospettabile. Se ci avete fatto caso, la ragazza che stava partorendo, nel video, era nera. Veniva dal Mali. Vi siete chiesti perché suo figlio è bianco?»

Di nuovo, dalla platea arrivavano brusii.

«I bambini di colore quando nascono sono bianchi. Poi, nel giro di un paio di settimane, diventano neri. Può sembrare sciocco dirlo così, ma vi posso assicurare che mai come in quel momento, mentre legavo il cordone ombelicale di quel bellissimo bambino, ho avuto la conferma che siamo tutti identici, pelle e sangue, carne e acqua, gioia e dolore. Era il figlio di una donna del Mali, ma poteva essere mio figlio, o ciascuno di voi.»

Si riaccesero le luci, i ragazzi continuavano a fissare l'immagine ormai sbiadita sul telo bianco.

Io avevo finito il mio intervento. Il preside prese la parola e chiese se c'erano delle domande. Ce ne furono moltissime. Tutte intelligenti, tutte appassionate. Uno studente più piccolo degli altri, probabilmente faceva ancora le elementari, mi chiese di raccontargli la storia della bambina Sama. La mamma, mi spiegò, gli aveva letto un po' di storie narrate nel libro che avevo scritto, e quella vicenda lo aveva colpito molto. Gli raccontai, così, della bambina sudanese, in fuga dalla guerra insieme alla sua famiglia, che era riuscita a portare con sé, durante il lungo viaggio, il suo amato gatto. Anche lui aveva un gatto, mi spiegò, e questo gli faceva sentire molto vicina quella bambina. Aveva capito perfettamente ciò che volevo dire, spiegai e, per un istante, mi sentii davvero appagato.

Alla fine dell'incontro mi trattenni a parlare per qualche minuto con gli altri relatori, in particolare con una parlamentare europea, Silvia Costa, una donna molto gentile e sensibile. Mi fece i complimenti per l'intervento. Anch'io avevo molto apprezzato il suo, che aveva preso avvio da una slide sconvolgente in cui era riportata la classifica mondiale del cosiddetto «indice dell'ignoranza», in cui gli italiani sono ingloriosamente i primi. (L'indice dell'ignoranza misura la distanza tra la realtà e quello che, invece, la gente crede di sapere.) Ne emergeva che gli italiani pensano di essere invasi da una moltitudine di «immigrati» quando, invece, i numeri di questo fenomeno non superano il 7 per cento della popolazione. E la parlamentare traeva una serie di considerazioni molto interessanti sulla percezione dei fenomeni e su quello che io chiamo «terrorismo mediatico di massa». Stavo, dunque, per ricambiare i complimenti quando, da dietro, ho sentito qualcuno che mi tirava la giacca. Era il bambino che mi aveva appena chiesto di Sama e del suo gatto.

«Dottore, mi scusi, le posso fare un'altra domanda?»

«Ma certo» risposi incuriosito.

«Ma i bambini quando sbarcano e stanno lì da voi, i giocattoli ce li hanno?»

«Qualcuno sì» risposi, spiegandogli che nel poliambulatorio avevo dedicato una stanza all'accoglienza dei più piccoli e che l'avevo riempita, per quanto potevo, di giocattoli. «E sai che cosa faccio, anche? Quando se ne devono andare, perché ormai sono guariti e sono quindi pronti ad affrontare il mondo nuovo in cui sono capitati insieme ai genitori, prima di salutarli, gli do il permesso di portarsi via i giochi che gli sono piaciuti di più...»

Il bimbo mi guardò con grandissima ammirazione.

«E vuoi sapere la cosa che mi colpisce ogni volta? A loro non dico mai quanti ne possono prendere. Fosse per me, anche tutta la stanza... Ma loro ne prendono sempre e soltanto uno: gli altri li lasciano per i bambini che verranno dopo di loro.»

«Senta, dottore, ma se volessi dare i miei giocattoli a questi bambini, come posso fare? Ne ho tanti, e secondo me potrebbe essere utile...»

Istintivamente alzai lo sguardo per cercare i suoi genitori, ma non vidi nessuno. «Secondo me è proprio una bellissima idea» gli dissi.

«Anche secondo me, è una bella idea» intervenne Silvia Costa. «Sai cosa puoi fare? Puoi darli alla tua mamma e chiederle di spedirli al poliambulatorio di Lampedusa.»

Il bambino annuì, ci ringraziò e tutto contento scomparve tra gli altri ragazzi.

Quando Silvia Costa seppe che quel giorno non rientravo a Lampedusa perché dovevo recarmi a Roma, si propose per darmi un passaggio. Durante il viaggio mi fece moltissime domande. Era interessata al mio punto di vista sui temi dell'immigrazione, che – mi spiegò – erano il suo pane quotidiano a Bruxelles. E ci scoprimmo in accordo su quasi tutto. Poi la conversazione virò un poco sul personale. «Mi scusi,» mi disse un po' titubante a un certo punto «non ho potuto fare a meno di notare molta preoccupazione nel suo tono, stasera. È per la situazione in generale, o c'è dell'altro che la inquieta?»

Quella domanda mi colpì. Certo, il tema di cui stavamo trattando giustificava ogni tipo di inquietudine, però in cuor mio sapevo che l'onorevole aveva fatto centro: la questione di Anila era diventata ormai per me un pensiero fisso. Così le raccontai la situazione in cui mi trovavo. Ascoltò tutta la storia, fino alla fine, poi con un sorriso rassicurante mi disse: «Chissà, forse possiamo fare qualcosa per questa ragazza...». E mi spiegò che era molto amica dell'ambasciatore italiano a Parigi e che lo avremmo potuto chiamare senza problemi. Anzi, visto che non era troppo tardi avremmo potuto chiamarlo proprio in quel momento. E compose il numero dall'impianto di bordo dell'auto.

Ricordo ancora oggi quei momenti non senza un filo di stupore e di emozione. L'ambasciatore rispose al secondo squillo. Silvia Costa lo salutò con calore, poi gli spiegò la situazione. Ma la spiegazione s'interruppe quando lei fece il mio nome aggiungendo che ero accanto a lei, perché il diplomatico mi salutò come si fa con un vecchio amico: ci eravamo conosciuti un anno prima, a Parigi, alla presentazione di *Fuocoammare* all'istituto italiano di cultura. Non solo, aggiunse che sapeva tutto di Anila. Che aveva già avuto sollecitazioni dalla Santa Sede e dalla presidenza della

Repubblica, e che si stava occupando della questione. Per la prima volta da quando era cominciata quella storia, ebbi la sensazione che qualcosa si stava davvero muovendo.

Chiesi all'ambasciatore quanto tempo pensava che ci sarebbe voluto per far riunire madre e figlia e lui mi rispose che era questione di poco: «Una settimana, due al massimo».

Era una notizia meravigliosa. Avevo il cuore in gola. Poi, però, pensai per un istante alla chiamata che avrei fatto subito dopo ad Anila, a me che le ripetevo per l'ennesima volta: «La settimana prossima...». Non mi avrebbe creduto. E allora presi coraggio: «Ambasciatore, la ringrazio moltissimo. Ma le posso chiedere un'ultima cortesia?».

«Certo.»

«Le posso chiedere di telefonare lei alla piccola? Sono certo che, se questa cosa gliela dice lei, avrà tutto un altro effetto.»

«Lo faccio con molto piacere.»

E gli diedi il numero.

XX

L'isola dell'accoglienza

Lampedusa, 14 marzo 2018

«Pietro, hai visto? Hanno chiuso il centro.»

È ancora primavera, ma il sole di Lampedusa brucia come fosse agosto. Al telefono, da Roma, un amico mi comunica la notizia. Dal tono della voce si capisce che si aspetta da me almeno un minimo di entusiasmo, ma rimane deluso. Non sono contento. Non c'è nessun motivo per esserlo. Andava chiuso anni fa. Anzi, forse non andava proprio aperto.

«Vorrei capire qualcosa di più... In che senso chiuso? Per quanto tempo? E nel frattempo che ne facciamo di quelli che arrivano? E, soprattutto, che ne è di quelli che non arrivano?» rispondo.

È più forte di me. Questa notizia mi mette di cattivo umore. Motivi per chiudere il centro ce ne sono sempre stati tantissimi, figuriamoci. Ma perché lo Stato si decide a farlo solo ora? Non riesco a non leggere nella decisione del ministero un velo di ipocrisia. Quanto meno nella tempistica: adesso che abbiamo fermato il flusso dei migranti, adesso che il problema riguarda la Libia e non più noi, adesso possiamo chiudere il centro... No, non c'è niente di cui gioire, è una decisione giusta, per carità, ma non c'è niente di cui essere soddisfatti.

È da poco passata l'ora di pranzo, entro in un bar, chiedo un panino e mi metto a mangiarlo seduto su una panchina davanti al porto. È uno di quei momenti in cui sembra che tutto a Lampedusa si stia per fermare. Il sole, altissimo, picchia così forte che finisce per scoraggiare chiunque abbia intenzione di fare qualcosa. Da destra verso sinistra, osservo la commovente sequenza di case basse e colorate che danno sul porto immobile, e non riesco a non riflettere su quanto sia cambiato, negli anni, il volto di questa mia isola. Quando ero ragazzino, la principale attività economica degli abitanti era la pesca. Mio padre era un pescatore, io stesso lo sono stato. E tutti vivevano così, con i frutti di questo mare generoso. Poi è arrivata l'epoca del turismo di massa e i lampedusani si sono adattati, dedicandosi all'accoglienza della gente che veniva dal «continente» a trascorrere le vacanze. Case e dammusi si sono trasformati in hotel, bed and breakfast e alloggi di lusso, modificando rapidamente l'intero panorama. Infine, è arrivata la stagione degli sbarchi, il centro d'accoglienza, i barconi da tirare in secco e demolire. E i lampedusani si sono adattati anche a questo. Basta farsi due passi lungo il porto e passare per il vecchio campo da calcio – con le «carrette del mare» ammassate dietro la rete di una porta, in attesa che qualche ditta vinca la gara d'appalto per lo smaltimento di quei «rifiuti speciali» – per capire di cosa sto parlando.

Poco lontano dalla panchina su cui sono seduto passano, correndo spediti, tre ragazzoni tutti sudati. Li seguo con lo sguardo. Dentro le orecchie hanno le cuffiette collegate ai telefonini, fissati al braccio da una benda elastica. Ascoltano musica. Osservo le loro tenute: sono carabinieri. Dietro, ne arrivano altri quattro. Si stanno allenando. Ormai anche loro fanno parte del panorama mutante di quest'isola. Ormai da anni, da Roma, tra carabinieri, polizia e guardia di finanza, continuano a mandare migliaia di uomini.

I militari di stanza qui conducono una vita separata dal resto degli abitanti dell'isola. Stanno per conto loro, e adesso che non ci sono più molte persone da controllare, si limitano a un lavoro di routine. I lampedusani – che all'inizio li avevano accolti con una certa diffidenza – li hanno presi in simpatia, anche se non sono pochi quelli che pensano che forse potrebbero fare qualcosa di più, soprattutto ora che le scorribande dei ragazzi che arrivano dalla Tunisia stanno mettendo a dura prova la pazienza degli isolani.

Alla lunga tutta questa situazione sta cominciando a essere indigesta. E non è un caso che la Lega Nord, che qui nel 2013 aveva preso tre voti tre, alle elezioni politiche di pochi giorni fa abbia sbaragliato la concorrenza del Pd, portando a casa il 14 per cento dei voti.

«La chiusura del centro è stata la conseguenza anche di tutto questo» mi spiega un amico che lavora al Viminale, a cui telefono per avere chiarimenti sulla decisione. Così scopro che ieri pomeriggio c'è stata una riunione tra il capo Dipartimento per le libertà civili e l'immigrazione, il direttore centrale dell'immigrazione e della polizia delle frontiere del Dipartimento di pubblica sicurezza e il sindaco. Sul tavolo un dossier alto così. Con dentro tutto ciò che negli anni abbiamo sempre denunciato, inascoltati, noi, da qui.

A quanto pare, la morte di Alì, il ragazzo tunisino che due mesi fa si è impiccato a una trave poco lontano dai cancelli del centro, insieme con le proteste nei mesi successivi da parte degli altri ospiti, hanno avuto un ruolo fondamentale nel convincere il ministero della necessità di chiudere il centro.

Il giorno dopo l'incendio dell'8 marzo, qualcuno è riuscito a entrare nei padiglioni vuoti e a scattare con il cellulare un po' di fotografie sulle reali condizioni. Poi le ha mandate al ministero spiegando che molti dei 180 tunisini, a Lampedusa in questi giorni, in mancanza di altre soluzioni hanno deciso di tornare a vivere nel padiglione andato distrutto durante l'incendio.

E così il ministero non ha potuto fare altro che arrendersi e annunciare la decisione di chiudere le porte del centro.

La soluzione, per quanto di buon senso, non è però da considerarsi definitiva. Sono in programma alcuni lavori di miglioria. Verranno spesi chissà quanti soldi per rimettere a posto l'intera struttura, costruire una mensa, rifare la recinzione, ammodernare la videosorveglianza, e poi, una volta terminato, il centro riaprirà. Certo, bisognerà vedere che tipo di situazione ci sarà allora, se saranno ripresi gli sbarchi o se saranno ulteriormente diminuiti.

Anche per questo non riesco a gioire della chiusura del centro. Perché con le elezioni politiche vinte dalla Lega di Matteo Salvini non so davvero che cosa aspettarmi se non una prosecuzione – o addirittura un inasprimento – della linea adottata dal governo Gentiloni.

Non senza un filo di angoscia a causa di questi pensieri, decido di tornare al poliambulatorio. È un'altra giornata relativamente tranquilla, quella di oggi. Siedo alla scrivania per sbrigare un po' di pratiche burocratiche e rispondere alle mail. Ma sono svogliato e distratto. Così poso lo sguardo sul divanetto blu su cui quel giorno di dicembre sedette Anila, tutta sporca, subito dopo lo sbarco dalla motovedetta. Da qualche settimana sul tavolino di fronte ho posato una scatola colorata, vuota. È una scatola che ha uno strano effetto su di me: ogni volta che la guardo mi strappa un sorriso. Perché mi ricorda ciò che successe poco meno di un anno fa, nei giorni immediatamente successivi all'incontro con la scuola di Cassino.

La chiamata dell'ambasciatore italiano a Parigi tranquillizzò Anila, e io stesso mi sentivo più leggero. Fu come se, all'improvviso, avessi potuto dividere con qualcuno la grande responsabilità che da mesi gravava sulle mie spalle.

Proprio in quei giorni arrivò al poliambulatorio un pacco. Da Cassino. Quando lo aprii rimasi per qualche secondo senza fiato. Era il bambino che mi aveva avvicinato dopo l'incontro, mentre stavo parlando con Silvia Costa. Insieme alla mamma aveva confezionato una scatola piena di giocattoli, «per i bambini che arrivano a Lampedusa». In un biglietto scritto di suo pugno teneva a precisare che alcuni dei giocattoli erano i suoi preferiti. C'erano costruzioni, macchinine, trenini, qualche robot. Insomma, tutto l'armamentario classico che popola la stanza di un bambino di 6-7 anni. Commosso, mi affrettai a portare quel bendidio nella nostra piccola ludoteca, poco lontano dal mio studio. La scatola, però, decisi di tenerla io.

XXI
Coincidenze

Poi, un giorno, mi arrivò un'altra telefonata. Anche questa dalla Francia. Era l'ambasciata italiana. Come per incanto si era risolto tutto. Me lo dissero più o meno così, e pure con il tono stupito di chi non capisce per quale motivo sei sorpreso. Il governo francese, in via del tutto eccezionale, pur non avendo terminato l'istruttoria necessaria, acconsentiva al ricongiungimento di Anila con la mamma. Ancora oggi non saprei dire di chi fu il merito, se dell'intervento del papa o dell'ambasciatore francese, di Mattarella o dell'europarlamentare incontrata a Cassino, dei miei amici del Viminale o di chissà chi altro delle centinaia di soggetti istituzionali e non che avevo coinvolto fin dall'inizio di questa storia. Fatto sta che ce l'avevamo fatta.

Ci misi qualche secondo a realizzare ciò che stava accadendo. E ricordo che mi accorsi che era tutto vero solo perché all'improvviso sentii gli occhi inumidirsi.

Il funzionario dell'ambasciata mi spiegò che cosa bisognava fare a quel punto. Ma, soprattutto, mi disse che il governo avrebbe gradito che fossi io ad accompagnare personalmente Anila. Da quanto capivo, ero considerato una sorta di garante. Lì per lì fui molto stupito di questa richiesta. Di solito è il tutore legale a dover accompagnare il minore. Quindi l'assessore alla Famiglia di Palermo, oppure suor Teresa, da lui incaricata. Invece, preferivano che andassi io.

«Non c'è nessun problema, ci mancherebbe» risposi con entusiasmo. In fondo ero contento di quell'anomalia burocratica; dopo tanta ansia, dopo tanta sofferenza, sarebbe stato un enorme piacere vedere Anila finalmente felice.

«Allora» proseguì il funzionario «il ricongiungimento è fissato per il 3 giugno, a Marsiglia.»

Ebbi un sussulto. Il 3 giugno non era un giorno come un altro per me, ma quello scelto da mia figlia per sposarsi. Le nozze erano fissate da mesi. Cominciai a balbettare.

«Dottor Bartolo, c'è qualche problema?... Dottor Bartolo?»

«No... no... Tutto a posto. Ci vediamo il 3 giugno.»

Ora, mi rendo perfettamente conto che può sembrare una sciocchezza. Un semplice problema di calendario. Però, insomma, la situazione che si era venuta a creare era di soluzione tutt'altro che facile. Da un lato c'era una bambina disperata, che non ne poteva più, che fino a quel momento aveva sospettato che la stessimo prendendo in giro, o persino che la stessimo tenendo prigioniera, e aveva persino tentato più volte il suicidio; ma dall'altro c'era mia figlia, che aveva il sacrosanto diritto di essere portata all'altare dal padre, come ogni ragazza sogna sin da quando è bimba.

Insomma, non sapevo quali pesci prendere.

Prima ancora di risolvere il mio enigma, però, decisi di chiamare Anila per darle la buona notizia. Come era prevedibile, lei impazzì di gioia, cominciò a gridare e non smetteva di ringraziarmi. La sua euforia riempiva il mio cuore e quando chiusi la conversazione avevo quasi deciso: avrei spiegato a mia figlia che, purtroppo, non potevo partecipare al suo matrimonio.

Ma subito dopo, la cosa di nuovo mi sembrò irrealizzabile.

Così chiamai l'ambasciata italiana. Mi feci passare il funzionario con cui avevo parlato poco prima e provai a convincerlo ad accontentarsi di qualcun altro. In fondo, anche formalmente, era più corretto che Anila venisse accompagnata a Marsiglia da suor Teresa, che ne aveva avuto la responsabilità fino a quel momento, su delega dell'assessore, e che dunque doveva accertarsi che tutto avvenisse nel modo più corretto. L'argomento burocratico non faceva una piega. Eppure il funzionario continuava ad apparire restio, considerava importante la mia presenza. Allora provai a giocare la carta della sincerità: «Guardi, dottore, la verità è che proprio non posso. Sa, si sposa mia figlia...». Per qualche secondo ebbi l'illusione che lui, dall'altra parte del telefono, avesse capito il mio dramma e mi stesse per accontentare. Invece, insistette: «Dottore ci teniamo molto che venga proprio lei».

Adesso non sapevo come comunicarlo a casa. Sarebbe stato un disastro. Rita fu la prima a cui spiegai la situazione. Comprensiva, mi fece giungere fino alla fine della frase. Poi, però, mi disse che capiva tutto, ma che era semplicemente impensabile che io mancassi al matrimonio di mia figlia. Neppure lei aveva idea di come uscire da questa situazione. Decidemmo che avremmo preso tempo.

La notte entrambi non chiudemmo occhio. Nessuna soluzione ci sembrava plausibile. Rita propose di provare a richiamare l'ambasciata, ma io avevo paura che il governo francese poi cambiasse idea, che magari si insospettisse di fronte a tanta insistenza da parte dell'ambasciata. La cosa meno dolorosa e meno rischiosa sarebbe stata spostare il matrimonio, ma mancava meno di una settimana al giorno delle nozze, ormai, e con tutti gli invitati in arrivo da ogni parte d'Italia, i voli e i traghetti e gli hotel prenotati, pensare di farlo era impossibile. Non mi restava che partire e fare gli auguri a mia figlia per telefono. In fondo, era per una buona causa, avrebbe capito. Mi conosce, sa che sono fatto così, e forse mi vuole bene anche per questo.

L'indomani, subito dopo la colazione, il telefono squillò di nuovo. Era ancora un numero francese. «Dottore, siamo riusciti a venirle incontro» mi annunciò tutto contento lo stesso funzionario del giorno prima. «Abbiamo fissato il ricongiungimento per il 7 giugno. Così lei potrà andare tranquillamente al matrimonio di sua figlia. Anzi, le faccia gli auguri da parte dell'ambasciata italiana a Parigi!»

Ringraziai sentitamente, anche per gli auguri, e riagganciai. E però, nemmeno così riuscivo a essere sereno. Perché mi rendevo conto che, per un problema tutto mio, avevo prolungato di quattro giorni l'agonia di Anila. In più, ora bisognava dirglielo.

La piccola aveva trascorso la giornata precedente a preparare la valigia, a salutare gli amichetti. Anche se in realtà avrebbe dovuto restare in istituto ancora per qualche giorno. Con Luisa era rimasta molte ore da sola nella sua cameretta, le aveva regalato la sua bambola preferita (che aveva chiamato Luisa, come lei) e le aveva consegnato un sacchetto pieno di «lettere preziose» che le aveva scritto nelle ultime settimane. Poi aveva fatto con cura i suoi bagagli, attenta a portare con sé la piastra per i capelli e tutto il necessario per fare le treccine.

Suor Teresa e suor Letizia mi avevano raccontato che era stata incontenibile per tutta la sera e anche la mattina dopo. Adesso, però, bisognava raccontarle che avrebbe dovuto aspettare «la settimana prossima». Proprio come avevamo fatto fino ad allora. Come avrebbe reagito?

C'era un unico modo per scoprirlo. Alzai il telefono e la chiamai. Mi è capitato molte volte, nella vita, di interrogarmi sul concetto di coraggio. Mi sono sempre chiesto che cosa sia esattamente, che cosa lo differenzi dall'imprudenza, dalla sprovvedutezza o dalla semplice stupidità. Ecco, oggi posso dire che mai come in quei secondi in cui sentivo il telefono squillare ebbi la netta percezione di cosa sia davvero il coraggio.

«Dottore!!!» rispose felice.

Dovetti allontanare il telefono dall'orecchio per quanto urlava. «Ciao Anila, buongiorno... come stai?» Non aspettai la sua risposta e andai subito al punto dicendole sinceramente che cosa era successo. Senza girarci troppo intorno. «Mi dispiace Anila, sono desolato.»

Dall'altra parte, era sceso un silenzio che non prometteva nulla di buono. «Quattro giorni?» chiese.

«Quattro giorni» confermai.

«Il matrimonio di sua figlia è... importante» riconobbe.

«Certo, Anila, è importantissimo...» dissi. Poi provai a spiegarle che avevo chiesto all'ambasciata se potesse accompagnarla suor Teresa, ma lei mi interruppe: «Va bene... Va bene. Dottore, aspetto. Però, poi andiamo!».

Anila aveva capito perfettamente la situazione.

«Certo, Anila, certo. Grazie!». Ero felicissimo.

I giorni che seguirono furono tra i più belli e lievi degli ultimi anni. Sarà stato il clima di festa che si respirava dentro casa, la felicità di mia figlia per il matrimonio, la gioia e l'attesa per il miracolo di quella bambina che, dopo un viaggio interminabile, alla fine di un incubo stava per realizzare il suo sogno di tornare a vivere con la mamma. Fatto sta che, sei mesi dopo l'arrivo di Anila in Italia, per la prima volta ero sereno.

Poi giunse il 6 giugno. L'aereo sarebbe partito l'indomani alle cinque e mezzo del mattino, da Palermo. L'appuntamento con Anila era alle quattro, all'istituto. Non volevo ci potesse essere il minimo contrattempo, così dormii a Palermo la sera prima.

Quando arrivai all'appuntamento, era ancora buio. I fari del taxi illuminarono il grande piazzale davanti all'edificio. Anila, che indossava gli abiti più colorati che abbia mai visto, saltellava vicino a una grande valigia; a fianco, dritte e attente come due gendarmi, suor Teresa e suor Letizia, che con una mano cercava di tenerla buona e con l'altra stringeva i biglietti aerei ritirati in questura. Quando mi salutarono, mi accorsi che le due suore erano contente quasi quanto Anila. In questi mesi avevano fatto di tutto perché quella bambina potesse coronare il suo sogno. Certo, le volevano bene, si erano affezionate a lei e ne avrebbero sentito la mancanza, ma, come avviene nel mio lavoro, anche nel loro non capita poi così spesso di poter contribuire a realizzare in pieno i sogni di qualcuno.

Le due sorelle mi chiesero di pagare il taxi e mandarlo via: volevano essere loro ad accompagnarci in aeroporto. Si erano alzate entrambe all'alba proprio per questo.

Dopo una sosta per una breve colazione, giungemmo in aeroporto, e arrivò il momento dei saluti. La scena era bellissima: Anila continuava ad abbracciarle e a scusarsi, e loro non smettevano di dirle «Su vai, cara», mentre la stringevano per trattenerla. Alla fine dovetti intervenire, rischiavamo di perdere l'aereo per Fiumicino e da lì la coincidenza per Marsiglia.

«Dottore, grazie, grazie» mi ripeteva Anila.

«Dai che ce l'abbiamo fatta» la rincuoravo io.

Un'ora dopo, stavamo atterrando a Fiumicino. E fu solo allora che capii di aver commesso un grave errore: non avevo spiegato ad Anila che il nostro volo non era diretto.

Infatti, quando scendemmo dall'aereo, lei si guardò intorno e, preoccupata, mi chiese: «Mamma dov'è?».

«Mamma non c'è, Anila. Non siamo a Marsiglia, siamo a Roma. Dobbiamo prendere un altro aereo tra poco... la coincidenza» le risposi, mostrando i biglietti che avevo in mano. Ma non ci fu niente da fare, lei cominciò a urlare come una matta. Era disperata, mi accusava di averla presa di nuovo in giro e fece per andarsene. Le corsi appresso per mezzo aeroporto. Non ne voleva sapere. Era convinta che quel volo sarebbe stato l'ultimo della sua odissea e adesso la delusione era troppo forte. Fui costretto a chiamare Monique a Marsiglia sperando che fosse insieme a Carla. Forse lei sarebbe riuscita a calmarla.

E così fu, anche se ci mise parecchio. Con una lunga telefonata, Carla convinse la figlia a concedermi fiducia per l'ultima volta: di lì a pochi minuti ci saremmo imbarcati per Marsiglia e, quella sì, sarebbe stata l'ultima tappa della sua odissea.

A bordo, Anila crollò subito dopo il decollo. Quando mi girai, non ricordo più per chiederle cosa, la vidi con la testa piena di treccine appoggiata all'oblò, che dormiva serena. Sotto di lei, un'alba rosso fuoco incendiava il mare. Rimasi così per qualche minuto, immobile a osservarla, e solo in quel momento compresi davvero di quale incredibile forza era stata capace questa bambina: con la sua determinazione non aveva solamente raggiunto lo scopo di rivedere la mamma dopo tanti anni, ma era stata capace di salvare la povera donna da un destino segnato.

Cosa sarebbe stato di Carla se da quella motovedetta, a dicembre, non fosse scesa Anila? Schiava delle sue paure e di un pugno di criminali pronti a tutto, avrebbe continuato a prostituirsi fino all'autodistruzione. E, prima o poi, le autorità locali le avrebbero tolto anche l'altro figlio. Miseria, follia, solitudine, disperazione. Questo ci sarebbe stato per lei, qui in Europa.

Non riuscii a resistere e con la mano accarezzai le perline colorate annodate ai capelli di Anila.

La svegliai per l'atterraggio: «Dai piccola, andiamo dalla mamma».

Anila sorrise, e si riallacciò la cintura.

Epilogo

L'étoile

Lampedusa, 10 maggio 2018

Il molo Favarolo questa mattina è bloccato per le riprese di un film che racconta, attraverso la mia storia, l'anima di Lampedusa, della sua gente generosa e di tutti gli eroi – sì, gli eroi – che negli anni sono passati per questa frontiera insieme minuscola e sterminata.

C'è un via vai incredibile, gente che viene e che va, curiosi, persone di passaggio. In un angolo, anch'io osservo questo insolito caos.

All'improvviso, all'imboccatura del porto compare una barchetta minuscola, piena zeppa di gente. Tutti pensano che si tratti di una scena del film. A mano a mano che si avvicina alla terra ferma, però, mi rendo conto che questa non è finzione: la barca è piena di disperati. Allora chiamo la capitaneria di porto e viene deciso di farla attraccare al molo Madonnina.

Senza nemmeno il tempo di avvertire i miei collaboratori al pronto soccorso, corro in macchina sul posto e comincio a visitare i migranti. Uno per uno. Stanno bene, sembra. Sono solo molto infreddoliti. Vengono dalla Tunisia, sono stati in mare due giorni e due notti, e ora sono bagnati fradici. Qualcuno alle soglie dell'ipotermia.

In fondo alla barca c'è una coppia. Sono l'una stretta all'altro. La donna tiene fra le braccia qualcosa, ma non vedo bene cosa. Mi avvicino. È un fagottino. E dentro il fagottino c'è una bimba che non avrà tre mesi. La madre mi osserva implorante. La sua creatura è pallida e trema dal freddo. Anche lei è bagnata.

Li aiuto a scendere. Prendo la bimba e la copro con il mio giacchetto asciutto. Poi mi guardo intorno e vedo che i lampedusani si sono radunati nei pressi del molo per dare una mano come possono. Fanno sempre così. Tra la gente accorsa, scorgo il mio amico Enzo. Ha parcheggiato l'auto proprio all'inizio del molo e sta venendo verso di noi. Faccio segno alla coppia di seguirmi e ci dirigiamo verso Enzo. Li faccio entrare tutti e tre nella sua macchina, nei sedili posteriori. Poi accendiamo il motore, mettiamo il riscaldamento al massimo e chiudiamo i finestrini. Il sole di Lampedusa, a maggio, fa il resto. E nel giro di pochi minuti, la piccina smette di tremare.

Ora Enzo può accompagnare tutta la famiglia al centro d'accoglienza. Dovrebbe essere chiuso, ma per le emergenze funziona ancora. E le emergenze non finiscono mai.

Qualche ora dopo, torno al poliambulatorio per sbrigare un po' di lavoro. Accendo il computer e scarico le email. Ce n'è una che arriva da Monique. Oggetto: étoile.

È passato poco meno di un anno dal giorno in cui accompagnai Anila a Marsiglia. Ricordo quanto mi colpì il gesto di Carla: prima ancora di abbracciare la sua piccola, all'aeroporto, venne da me e mi ringraziò. In realtà, avrebbe dovuto piuttosto ringraziare Anila, pensai in quel momento: era stata lei a salvarla, con quella sua incredibile impresa. Sua figlia l'aveva liberata: ora Carla aveva una casa, una famiglia e anche un vero lavoro.

Oggi Anila vive felice con la sua famiglia. Carla è riuscita a rimettersi in contatto anche con gli altri due figli maschi che lavorano in Germania e, di tanto in tanto, riescono a trascorrere qualche giorno tutti insieme.

Ieri sera Anila ha fatto il suo primo saggio di danza. Nella fotografia che Monique mi ha mandato, al centro esatto del palcoscenico, con il tutù e le scarpette, ha lo sguardo sicuro, sorride, ed è bellissima.

Ringraziamenti

Ricostruire la storia di Anila e del suo incredibile viaggio attraverso il mondo non sarebbe stato possibile senza il generoso contributo di quattro donne: suor Teresa, suor Letizia, Luisa e Monique. Sono state loro, con i loro racconti, insieme garbati e acuti, ad avermi permesso di rimettere insieme, in una cronaca quasi quotidiana, fatti ed emozioni di una delle vicende che più mi hanno colpito in questi 27 anni da medico di Lampedusa.

Più volte mentre scrivevo mi sono sorpreso a pensare che, in fondo, non stavo raccontando solamente l'avventura di Anila e degli altri bambini della mia isola – come era nella mia iniziale intenzione – ma anche le gesta eroiche di queste quattro donne straordinarie: le stelle di Lampedusa sono anche loro.

Per proteggere la privacy dei protagonisti di questo racconto ho ritenuto di usare anche per loro nomi di fantasia, ma sono certo che non faticheranno a riconoscersi nei vari personaggi. A loro va comunque il mio primo e più sentito ringraziamento.

Poi un sincero grazie a tutte le autorità che in quei giorni ho compulsato, a volte persino eccedendo fino alle soglie del consentito, per chiedere aiuto e sostegno nella battaglia burocratica di Carla e Anila. E in particolare a Mario Morcone (funzionario del ministero dell'Interno); al console generale Alberto Bertoni e a sua moglie Stefania; a Catherine Colonna (al tempo ambasciatrice francese a Roma); a Giandomenico Magliano (al tempo ambasciatore italiano a Parigi) e all'europarlamentare Silvia Costa.

Penso che questa sia la sede più opportuna anche per ringraziare gli amici e le istituzioni che hanno fatto sì che l'intera vicenda potesse concludersi nel migliore dei modi: oltre al sindaco di Palermo Leoluca Orlando e al direttore amministrativo dell'ospedale Vincenzo Barone e sua moglie Rosa, un grazie anche alla Prefettura, alla Questura e al Tribunale dei minori di Palermo.

Questi 27 anni della mia vita sono stati difficili e drammatici. Ho visto cose che un uomo non dovrebbe vedere, ho fatto cose che nessuno dovrebbe fare. È la mia vita, l'ho scelta io, ne sono orgoglioso e non mi lamento. Dico, però, che forse non sarei riuscito a sopportare tanto dolore se non avessi avuto intorno a me la splendida comunità dei lampedusani, gente generosa, sincera, accogliente nel senso più alto e nobile del termine. In questi tempi bui il loro esempio brilla anch'esso come una stella.

Infine voglio ringraziare il mio editor Nicoletta Lazzari per la cura e la pazienza con cui ha riletto e «aggiustato» queste pagine, e il giornalista della «Repubblica» Marco Mensurati che mi ha aiutato nelle ricerche.

MISTO
Carta da fonti gestite
in maniera responsabile
FSC® C115118
www.fsc.org

SIAE DALLA PARTE DI CHI CREA
Aut. OO - 20 - 2018
N 010038

Mondadori Libri S.p.A.

Questo volume è stato stampato
presso ELCOGRAF S.p.A.
Stabilimento - Cles (TN)

Stampato in Italia - Printed in Italy